Dr. Jaerock Lee

O DEUS
QUE CURA

URIM
BOOKS

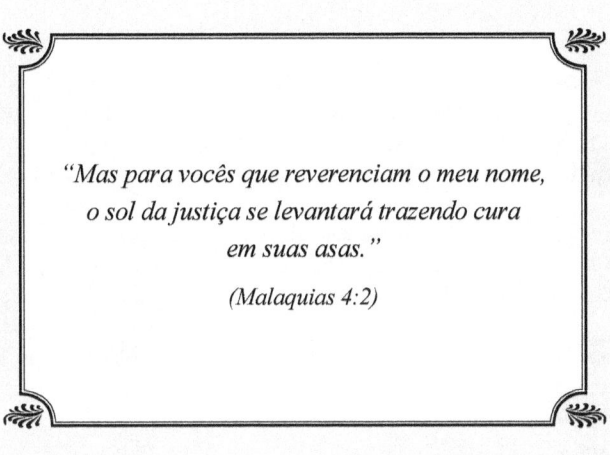

*"Mas para vocês que reverenciam o meu nome,
o sol da justiça se levantará trazendo cura
em suas asas."*

(Malaquias 4:2)

O DEUS QUE CURA, escrito por Dr. Jaerock Lee
Publicado por Livros Urim (Representante: Seongkeon Vin)
235-3, Guro-dong3, Guro-gu, Seul, Coréia do Sul
www.urimbooks.com

Os textos das referências bíblicas foram extraídos da Bíblia de Nova Versão
Internacional (NVI), salvo indicação específica.

Copyright © 2013 por Dr. Jaerock Lee
ISBN: 978-89-7557-669-0
Copyright de Tradução © 2009 por Dra. Esther K. Chung.
Utilizado sob permissão.

Publicado anteriormente pela Livros Urim (Urim Books), Seul, Coréia em
1992

Primeira Edição em fevereiro de 2013

Editado por Geumsun Vin
Design criado pelo Editorial da Livros Urim
Impresso pela Yewon Printing Company
Para mais informações, entre em contato: urimbook@hotmail.com

Prefácio

Com o crescente avanço da civilização e prosperidade, vemos que, hoje em dia, as pessoas têm tido mais tempo e recursos ao seu dispor. A fim de adquirirem vidas mais saudáveis e confortáveis, elas têm investido mais tempo e dinheiro nas coisas e prestado mais atenção a uma variedade de informações úteis.

Entretanto, como a vida, o envelhecimento, a saúde e a morte do homem estão debaixo da soberania de Deus, tais coisas não podem ser controladas pelo poder do dinheiro ou do conhecimento. Ademais, é inegável o fato de que mesmo com a avançada medicina produzida pelo conhecimento humano, acumulado por séculos, o número de pacientes com doenças incuráveis ou em estado terminal tem aumentado drasticamente.

No decorrer da história do mundo, já houve pessoas de várias crenças e conhecimento – inclusive Buda e Confúcio – mas todas elas se silenciaram diante dessa questão e nenhuma delas pôde evitar o envelhecimento, doenças e a morte. Essa questão está ligada

ao pecado e à salvação da humanidade – duas coisas impossíveis de
o homem resolver.

Hoje, existem muitos hospitais e farmácias, que são facilmente
acessíveis e aparentemente prontos para fazer nossa sociedade
livre de doenças e saudável. No entanto, nossos corpos e o mundo
estão infestados de doenças, que vão desde gripes até doenças
de origens e grupos não identificados, para as quais não há cura.
Como resposta, as pessoas não hesitam em culpar o clima e o meio-
ambiente, ou em dizer que se trata de um fenômeno natural e
psicológico, apoiando-se em medicamentos e na tecnologia médica.

Para que recebamos a cura fundamental e tenhamos vidas
saudáveis, cada um de nós deve compreender a origem de uma
enfermidade e como podemos ser curados. Para o evangelho e a
verdade, há sempre dois lados: para aqueles que não os aceitam,
estão reservados maldição e castigo; e para quem os aceita, bênçãos
e vida. É da vontade de Deus que a verdade seja escondida daqueles
que, como os fariseus e os mestres da lei, se consideravam sábios e
inteligentes; assim como também é da vontade Dele que ela seja
revelada àqueles que são como crianças, desejando-a com corações

abertos (Lucas 20:21).

Deus prometeu claramente abençoar aqueles que obedecessem e vivessem segundo Seus mandamentos, mas também registrou detalhadamente que haveria maldição e todos os tipos de doenças para aqueles que fizessem o oposto (Deuteronômio 28:1-68).

Lembrando não-crentes e até mesmo alguns crentes negligentes da Palavra de Deus, este livro procura colocar tais indivíduos em um caminho em que são livres de doenças e enfermidades.

Que quanto mais ouvir, ler, entender e se alimentar da Palavra de Deus, pelo poder do Deus de salvação e cura, cada um de vocês possa ser curado de doenças e enfermidades, sejam sérias ou corriqueiras, e que a saúde possa sempre habitar em vocês e em suas famílias. Em nome do nosso Senhor, eu oro!

Jaerock Lee

Conteúdo

Capítulo 1

A Origem das Doenças
e a Luz da Cura

Malaquias 4:2

"Mas para vocês que reverenciam o meu nome, o sol da justiça se levantará trazendo cura em suas asas. E vocês sairão e saltarão como bezerros soltos do curral".

Por trás da doença

Com o desejo de terem vidas felizes e saudáveis, enquanto estão na terra, as pessoas consomem alimentos que fazem bem à saúde e fazem várias outras coisas, às vezes até secretas. Contudo, apesar do avanço da civilização e da medicina, a realidade é que o sofrimento, advindo de doenças incuráveis ou em estado terminal, não pode ser prevenido.

Será que o homem não pode se ver livre da agonia das doenças durante o seu tempo na terra?

A maioria das pessoas não hesita em culpar o clima e o meio-ambiente, ou em dizer que se trata de um fenômeno natural e psicológico, apoiando-se em medicamentos e na tecnologia médica. Uma vez determinada a fonte de todas as doenças, entretanto, qualquer um pode se ver livre das mesmas.

A Bíblia presenteia com os passos fundamentais pelos quais se pode ter uma vida livre de doenças e, mesmo se estiver doente, passos pelos quais se pode ser curado:

[Deus] dizendo-lhes: "Se vocês derem atenção ao SENHOR, o seu Deus, e fizerem o que ele aprova, se derem ouvidos aos seus mandamentos e obedecerem a todos os seus decretos, não trarei sobre vocês nenhuma das doenças que eu trouxe sobre os egípcios, pois eu sou o SENHOR que os cura" (Êxodo 15:26).

Esta é a fiel Palavra de Deus, que controla a vida, a morte, bênçãos e maldições dadas a uma pessoa.

O que, então, é doença e por que alguém fica doente? Em termos médicos, "doença" se refere a todos os tipos de incapacidade nas partes do corpo – um estado de saúde incomum ou anormal – e é, na maioria das vezes, desenvolvida e espalhada por bactérias. Em outras palavras, doença é uma condição anormal do corpo causada por venenos ou bactérias prejudiciais ao organismo.

Em Êxodo 9:8-9 encontramos uma descrição de um processo no qual a praga das feridas purulentas foi trazida sobre o Egito:

> *Disse mais o SENHOR a Moisés e a Arão: "Tirem um punhado de cinza de uma fornalha, e Moisés a espalhará no ar, diante do faraó. Ela se tornará como um pó fino sobre toda a terra do Egito, e feridas purulentas surgirão nos homens e nos animais em todo o Egito".*

Em Êxodo 11:4-7, vemos que Deus faz distinção entre o povo de Israel e o povo do Egito. Para os israelitas que adoravam a Deus, não houve praga, enquanto para os egípcios, que não adoravam a Deus nem viviam segundo Sua vontade, houve praga sobre seus primogênitos.

Através da Bíblia, aprendemos que até as doenças estão sob a soberania de Deus, que Ele protege aqueles que O honram e que doenças infiltram naqueles que pecam, já que Ele vira Sua face de tais indivíduos.

Então, por que existe a doença e o sofrimento que surge dela? Isso quer dizer que Deus Criador fez a doença no tempo da criação, para que o homem pudesse viver sob o risco de tê-la? Deus Criador criou o homem e controla todas as coisas no universo com bondade, justiça e amor.

Em Gênesis 1:26-28 vemos o seguinte:

> *Então disse Deus: "Façamos o homem à nossa imagem, conforme a nossa semelhança. Domine ele sobre os peixes do mar, sobre as aves do céu, sobre os grandes animais de toda a terra e sobre todos os pequenos animais que se movem rente ao chão". Criou Deus o homem à sua imagem, à imagem de Deus o criou; homem e mulher os criou. Deus os abençoou e lhes disse: "Sejam férteis e multipliquem-se! Encham e subjuguem a terra! Dominem sobre os peixes do mar, sobre as aves do céu e sobre todos os animais que se movem pela terra".*

Depois de criar o melhor ambiente para a vida do homem (Gênesis 1:3-25), Deus criou o homem à Sua própria imagem, abençoou-o e permitiu que o ser humano tivesse total liberdade e autoridade.

Com o passar do tempo, as pessoas desfrutavam livremente

das bênçãos de Deus, enquanto obedeciam aos Seus mandamentos e viviam no Jardim do Éden, onde não havia lágrimas, sofrimento, dor ou doença. Ao ver que tudo que tinha feito era muito bom (Gênesis 1:31), Deus deu a seguinte ordem: *"Coma livremente de qualquer árvore do jardim, mas não coma da árvore do conhecimento do bem e do mal, porque no dia em que dela comer, certamente você morrerá"* (Gênesis 2:16-17).

Contudo, quando a astuciosa serpente viu que as pessoas não tinham guardado o mandamento de Deus em suas mentes, mas estavam negligenciando-o, ela tentou Eva, a esposa do primeiro homem criado. Quando Adão e Eva comeram do fruto da árvore do conhecimento do bem e do mal, pecaram (Gênesis 3:1-6) e, como Deus havia alertado, a morte entrou no homem (Romanos 6:23).

Depois de cometer o pecado da desobediência e enquanto recebia o salário do pecado e enfrentava a morte, o espírito do homem – seu mestre – também morreu e a comunhão entre Deus e o homem cessou. Este foi expulso do Jardim do Éden e passou a viver em lágrimas, dor, sofrimento, doenças e morte. Como tudo foi amaldiçoado, havia espinhos e cardos, e o alimento só seria adquirido pelo suor do seu rosto (Gênesis 3:16-24).

Logo, atrás da doença está o pecado original trazido pela desobediência de Adão. Se ele não tivesse desobedecido a Deus, ele não teria sido expulso do Jardim do Éden e teria tido uma vida saudável para sempre. Em outras palavras, através de um homem todos os seres humanos se tornaram pecadores e passaram a viver em meio a perigos e sofrimentos causados por todos os tipos de doenças. Sem primeiramente resolver o problema do pecado, ninguém será declarado justo aos olhos de Deus, baseando-se na obediência à Lei. (Romanos 3:20).

O Sol da Justiça com Cura em Suas Asas

Malaquias 4:2 nos diz: *"Mas para vocês que reverenciam o meu nome, o sol da justiça se levantará, trazendo cura em suas asas. E vocês sairão e saltarão como bezerros soltos do curral"*. Aqui, "o sol da justiça" se refere ao Messias.

Deus teve misericórdia da humanidade no caminho de destruição, sofrendo de doenças, e nos redimiu de todos os pecados através de Jesus Cristo, que Ele havia preparado, permitindo que Ele fosse crucificado e todo o Seu sangue fosse derramado. Portanto, qualquer que aceitar a Jesus Cristo, receber o perdão de seus pecados e alcançar a salvação, pode ser agora liberto de doenças e viver uma vida saudável. Pela maldição sobre todas as coisas, o homem tinha de viver em meio ao perigo de doenças, enquanto estivesse respirando, mas pelo amor e graça de Deus, um caminho para a liberdade de doenças agora foi aberto.

Quando os filhos de Deus resistem ao pecado a ponto de derramar seu sangue (Hebreus 12:4) e vivem pela Sua Palavra, Ele os protege com Seus olhos que são como chamas de fogo e os cerca com uma parede de fogo do Espírito Santo, para que veneno algum no ar possa penetrar em seus corpos. Mesmo quando algum filho fica doente, quando ele se arrepende e muda de caminho, Deus queima a doença e cura as partes atingidas. Essa é a cura pelo "sol da justiça".

A medicina moderna desenvolveu a terapia ultravioleta, que é amplamente usada hoje para a prevenção e cura de várias doenças. Os raios ultravioleta são altamente eficientes, porque desinfeccionam e causam mudanças químicas no organismo. Tal terapia pode destruir aproximadamente 99% de bactérias no cólon e bactérias causadoras de difteria e disenteria. Também é eficiente contra a tuberculose, raquitismo e doenças de pele. Um tratamento útil e poderoso como o com raios ultravioleta, porém não pode ser aplicado a todas as doenças.

Só "o sol da justiça com cura em suas asas" registrado nas Escrituras é que é o raio de poder que pode curar todas as doenças. Os raios do sol da justiça podem ser usados para curar todos os tipos de doenças e, como podem ser aplicados em todas as pessoas, o modo pelo qual Deus cura é verdadeiramente simples, mas completo e essencialmente o melhor.

Não muito tempo depois de fundar minha igreja, um paciente à beira da morte, sofrendo de uma dor excruciante da paralisia e câncer que tinha, foi levado a mim em uma maca. Não conseguia falar porque sua língua tinha enrijecido e não podia mexer seu corpo, pois todo ele estava paralisado. Com a desistência dos médicos, sua esposa, que acreditava no poder de Deus, pediu muito a seu marido que ele se rendesse a Ele. Ao perceber que a única maneira de viver seria se apegando e implorando a Deus pela cura, o paciente tentou adorá-Lo, mesmo deitado com sua mulher, implorando intensamente com fé e amor. Ao ver a fé dos dois, também orei fervorosamente por aquele homem. Pouco depois, ele, que antes perseguia sua esposa por ela crer em Jesus, arrependeu-se, rendendo seu coração, e Deus mandou os raios da luz da cura, queimou seu corpo com o fogo do Espírito Santo e o limpou. Aleluia! Uma vez que a causa por trás da doença foi queimada, ele logo começou a andar e a correr e ficou bem novamente. Acho que nem precisa dizer o quanto os membros da Manmin deram glórias a Deus e se regozijaram ao testemunhar essa obra extraordinária da cura de Deus.

Para Vocês que Reverenciam o Meu Nome

O nosso Deus é o Deus Poderoso que criou o homem do pó da terra e todas as coisas do universo pela Sua Palavra. Uma vez que esse tipo de Deus se torna nosso Pai, mesmo quando ficamos enfermos, se dependemos completamente Dele através da nossa fé, Ele a vê e reconhece e nos cura alegremente. Não há nada de errado em ser curado em hospitais, mas Deus agrada dos filhos que creem em Sua onisciência e onipotência e clamam intensamente a Ele, são curados e glorificam-No.

Em 2 Reis 20:1-11 está a história de Ezequias, rei de Judá, que ficou doente quando a Assíria invadiu seu reino, mas foi completamente curado três dias depois de ter orado a Deus e ainda teve sua vida estendida por mais quinze anos.

Através do Profeta Isaías, Deus diz a Ezequias: *"Ponha em ordem a sua casa, pois você vai morrer; não se recuperará"* (2 Reis 20:1; Isaías 38:1). Em outras palavras, Ezequias havia recebido uma sentença de morte a qual lhe dizia para se preparar para sua partida epôr as questões de seu reino e família em ordem. Contudo, Ezequias, na mesma hora, virou seu rosto para a parede e orou ao SENHOR (2 Reis 20:2). O rei percebeu que a doença era o resultado de seu relacionamento com Deus, colocou tudo de lado e resolveu orar.

Diante da fervente oração de Ezequias, Deus então promete ao rei: *"Ouvi sua oração e vi suas lágrimas; acrescentarei quinze anos à sua vida. E eu livrarei você e esta cidade das mãos do rei da Assíria. Eu defenderei esta cidade"* (Isaías 38:5-6). Dá para imaginar o quanto mais fervorosa e intensamente Ezequias deve ter orado ao ouvir Deus dizer-lhe: "Ouvi sua oração e vi suas lágrimas".

Deus atendeu o pedido do rei e o curou completamente, para que ele pudesse subir ao Seu templo em três dias. Ademais, sua vida foi estendida por mais quinze anos e, durante estes quinze anos, Ezequias manteve a cidade de Jerusalém a salvo das ameaças da Assíria.

Por Ezequias saber muito bem que a questão da vida ou da morte de uma pessoa está debaixo da soberania de Deus, orar a Deus foi algo importantíssimo para ele. Deus se agradou da fé e humildade de coração do rei, prometeu-lhe a cura e, quando este buscou um sinal dela, Ele fez até a sombra recuar os dez degraus que havia descido na escadaria de Acaz (2 Reis 20:11). O nosso Deus é um Pai muito zeloso e um Deus de cura, que a dá àqueles que O procuram.

De outro lado, vemos em 2 Crônicas 16:12-13 que: *"No trigésimo nono ano de seu reinado, Asa foi atacado por uma doença nos pés. Embora a sua doença fosse grave, não buscou ajuda do SENHOR, mas só dos médicos. Então, no quadragésimo primeiro ano do seu reinado, Asa morreu e descansou com os seus antepassados"*. Inicialmente, quando foi ao trono, *"Asa fez o que o SENHOR aprova, tal como Davi, seu predecessor"* (1 Reis 15:11). No começo, um governador sábio, mas ao perder sua fé em Deus gradativamente e começar a colocar sua confiança no homem, o rei não pôde receber a ajuda de Deus.

Quando Baasa, rei de Israel, invadiu Judá, Asa confiou em Ben-Hadade, rei da Síria, e não em Deus. Por essa razão, Asa foi repreendido por Hanani, o vidente, mas ainda assim, não mudou seus caminhos, mas aprisionou o vidente e oprimiu seu próprio povo (2 Crônicas 16:7-10).

Antes de Asa começar a confiar no rei da Síria, Deus fez com que o exército sírio não invadisse Judá. Mas, a partir do momento que Asa começou a colocar sua confiança no rei da Síria, ao invés de Deus, o rei de Judá não pôde mais receber nenhuma ajuda Dele. Além disso, Ele não mais se alegrava com Asa, que procurava pela ajuda dos médicos ao invés da Sua. É por isso que Asa levou apenas dois anos para morrer com a doença no pé. Apesar de professar sua fé em Deus, o Deus Todo Poderoso não podia fazer nada pelo rei.

A luz de cura do nosso Deus pode curar qualquer tipo de doença, para que paralíticos possam se levantar e andar, cegos possam ver, surdos ouvir e mortos possam voltar à vida. Logo, como o Deus que cura tem um poder ilimitado, a seriedade de uma doença não tem importância alguma. Não há diferença nenhuma entre a menor doença, como um resfriado, ou uma crítica, como o câncer, pois para o Deus que cura tudo é a mesma coisa. O mais importante é o tipo de coração que temos diante Dele: um como o de Asa ou um como o de Ezequias.

Que você possa aceitar Jesus Cristo, receber a resposta para o problema do pecado, ser considerado justo pela fé, agradar a Deus com um coração humilde acompanhado de obras como as de Ezequias, receber a cura para quaisquer doenças e ter uma vida sempre saudável. Em nome do nosso Senhor, eu oro!

Capítulo 2

Você Quer Ser Curado?

João 5:5-6

"Um dos que estavam ali era paralítico fazia trinta e oito anos. Quando o viu deitado e soube que ele vivia naquele estado durante tanto tempo, Jesus lhe perguntou: 'Você quer ser curado?'"

Você Quer Ser Curado?

Há diversos casos de pessoas que antes não conheciam a Deus e que O procuram e se colocam diante Dele. Algumas vêm seguindo sua própria boa consciência, enquanto outras O conhecem depois de serem evangelizadas. Há também quem venha a encontrar Deus depois de experimentar o ceticismo em vidas de insucesso nos negócios ou discórdias na família e ainda quem vá diante Dele, com urgência de coração, depois de sofrer dor física excruciante ou sentir grande medo da morte.

Como um inválido que vinha sofrendo com uma dor por trinta e oito anos perto do tanque de Betesda fez, a fim de entregar completamente a doença a Deus e ser curado, a pessoa deve desejar a cura acima de qualquer outra coisa.

Em Jerusalém, perto da Porta das Ovelhas, havia um tanque cujo nome em hebraico era chamado "Betesda". Ele era rodeado por cinco entradas nas quais cegos, mancos e paralíticos aguardavam pelo anjo de Deus que descia de vez em quando e agitava as águas, como dizia a lenda. Esta dizia também que o primeiro que entrasse no tanque depois que as águas tivessem sido mexidas seria curado da doença que tivesse. Betesda significava "Casa de Misericórdia".

Ao ver um inválido de trinta e oito anos de idade deitado perto do tanque e já sabendo quanto tempo o homem vinha sofrendo, Jesus lhe perguntou: *"Você quer ser curado?"* (João 5:6) O homem respondeu: *"Senhor, não tenho ninguém que me ajude a entrar no tanque quando a água é agitada. Enquanto estou tentando entrar, outro chega antes de mim"* (João 5:7). Ele havia dito ao Senhor que, embora quisesse muito ser curado, não conseguia entrar no tanque sozinho. Nosso Senhor viu seu coração e lhe disse: *"Levante-se! Pegue a sua maca e ande"* e de uma só vez o homem foi curado, pegou sua maca e andou (João 5:8).

Você Tem de Aceitar Jesus Cristo

Quando o homem que tinha sido um inválido por trinta e oito anos encontrou-se com Jesus Cristo, ele recebeu a cura instantaneamente. Ao crer em Jesus Cristo, a fonte da verdadeira vida, o homem foi perdoado de todos os seus pecados e curado de sua doença.

Você está angustiado por causa de sua doença? Se está com algum mal e deseja vir diante de Deus e ser curado, você tem de primeiro aceitar Jesus Cristo, tornar-se um filho de Deus e receber o perdão, para que a barreira entre você e Deus seja removida. Então você deve acreditar que Deus, que é onisciente e onipotente, pode operar qualquer milagre. Você também tem de crer que nós fomos redimidos de todas as nossas doenças pelas feridas de Jesus e que, quando você procura ser curado em nome de Jesus Cristo, você o é verdadeiramente.

Quando caminhamos com esse tipo de fé, Deus ouve nossa oração e manifesta a obra de cura. Não importa quão antiga ou crítica seja sua doença, tenha certeza de colocar todos os seus problemas de doença diante de Deus, lembrando que você pode ficar perfeito novamente em um só instante, quando o Deus de poder o curar.

Quando o paralítico retratado em Marcos 2:3-12 ouviu falar pela primeira vez que Jesus estava indo para Cafarnaum, teve o desejo de ir encontrá-Lo. Ao ouvir que Jesus curava as pessoas de várias doenças, expulsava espíritos malignos e sarava os leprosos, aquele homem sabia que, se cresse, também poderia ser curado. Quando percebeu que não conseguiria chegar mais perto de Jesus, devido à grande multidão que O cercava, com a ajuda de seus amigos, ele fez um buraco no telhado da casa onde Jesus estava e sua maca foi descida até Jesus.

Diante do que ele fez, você consegue imaginar o quanto esse paralítico queria encontrar-se com Jesus? Como Jesus reagiu quando ele, que era incapaz de ir de um lugar para outro sozinho e, ainda mais, incapaz de se locomover em meio à multidão, mostrou sua fé e dedicação com a ajuda de seus amigos? Jesus não o repreendeu por seu comportamento grosseiro, mas sim lhe disse: "Filho, os seus pecados estão perdoados" e fez com que ele se levantasse e andasse na mesma hora.

Em Provérbios 8:17 Deus nos diz: *"Amo os que me amam, e quem me procura me encontra"*. Se você quer ser liberto da angústia da doença, você tem de primeiro desejar a cura intensamente, crer no poder de Deus, que pode resolver esse problema, e aceitar Jesus Cristo.

Você Deve Destruir a Parede do Pecado

Não importa o quanto você creia que possa ser curado pelo poder de Deus, pois Ele não pode trabalhar em você, se houver uma parede de pecado entre você e Ele. É por isso que Isaías 1:15-17, Deus nos diz: *"Quando vocês estenderem as mãos em oração, esconderei de vocês os meus olhos; mesmo que multipliquem as suas orações, não as escutarei! As suas mãos estão cheias de sangue! Lavem-se! Limpem-se! Removam suas más obras para longe da minha vista! Parem de fazer o mal, aprendam a fazer o bem! Busquem a justiça, acabem com a opressão. Lutem pelos direitos do órfão, defendam a causa da viúva,"* e depois, no versículo seguinte 18 Ele promete: *"Venham, vamos refletir juntos. Embora os seus pecados sejam vermelhos como escarlate, eles se tornarão brancos como a neve; embora sejam rubros como púrpura, como a lã se tornarão".*

Também encontramos o seguinte em Isaías 59:1-3:

"Vejam! O braço do SENHOR não está tão encolhido que não possa salvar, e o seu ouvido tão surdo que não possa ouvir. Mas as suas maldades separaram vocês do seu Deus; os seus pecados esconderam de vocês o rosto dele, e por isso ele não os ouvirá. Pois as suas mãos estão manchadas de sangue, e os seus dedos, de culpa. Os seus lábios falam mentiras, e a sua língua murmura

palavras ímpias".

Pessoas que não conhecem a Deus, não aceitaram Jesus Cristo e têm vivido fazendo o que bem entendem não percebem que são pecadoras. Quando, porém, aceitam Cristo como seu Salvador e recebem o Espírito Santo como um dom, Ele convence o mundo do pecado, da justiça e do juízo, e elas passam a reconhecer e confessar que são pecadoras (João 16:8-11).

Entretanto, por haver casos onde as pessoas não sabem detalhadamente o que é pecado e, portanto, incapazes de se livrar do pecado e da maldade dentro de si e receber as respostas de Deus, elas devem primeiro saber o que constitui o pecado aos Seus olhos. Como todas as doenças se originam do pecado, somente quando você olha para si mesmo e destrói a parede de pecado entre você e Deus é que você consegue experimentar a rápida obra de cura.

Aprofundemos, pois, no que as Escrituras nos dizem ser pecado e como podemos destruir essa parede.

1. Você Deve se Arrepender de Não Ter Acreditado em Deus e Aceitado Jesus Cristo.

A Bíblia nos diz que nossa descrença em Deus e o não aceitar Jesus Cristo como nosso Salvador é pecado (João 16:9). Muitos descrentes dizem que vivem boas vidas, mas essas pessoas não conseguem se conhecer corretamente por não conhecerem a

Palavra da verdade – a luz de Deus – e são incapazes de distinguir o certo do errado.

Mesmo quando alguém é confiante em viver uma boa vida, quando esta pessoa se depara com a verdade, que é a Palavra do Deus Todo Poderoso, que criou todas as coisas do universo e controla a vida, a morte, bênçãos e maldições, muitas injustiças e inverdades são encontradas. É essa a razão pela qual a Bíblia nos diz: *"Não há nenhum justo, nem um sequer"* (Romanos 3:10), e que: *"Portanto, ninguém será declarado justo diante dele baseando-se na obediência à Lei, pois é mediante a Lei que nos tornamos plenamente conscientes do pecado"* (Romanos 3:20).

Quando você aceita Jesus Cristo e se torna um filho de Deus depois de se arrepender de não ter crido em Deus e aceitado Jesus Cristo, o Deus Poderoso se torna seu Pai e você então poderá receber respostas seja para qual for a doença que tiver.

2. Você Deve se Arrepender de Não Ter Amado Seus Irmãos.

A Bíblia nos diz: *"Amados, visto que Deus assim nos amou, nós também devemos amar uns aos outros"* (1 João 4:11) e ainda nos lembra que devemos, inclusive, amar os nossos inimigos (Mateus 5:44). Se odiássemos nossos irmãos, estaríamos desobedecendo à Palavra de Deus e, logo, pecando.

Uma vez que Jesus demonstrou Seu amor pela humanidade, cheia de pecado e maldade, sendo crucificado, só nos resta amar nossos pais, filhos, irmãos e irmãs. Aos olhos de Deus, não é certo odiarmos ou não perdoarmos a alguém por causa de sentimentos insignificantes, porém prejudiciais e mal-entendidos.

Em Mateus 18:23-35, Jesus diz a seguinte parábola:

"Por isso, o Reino dos céus é como um rei que desejava acertar contas com seus servos. Quando começou o acerto, foi trazido à sua presença um que lhe devia uma enorme quantidade de prata. Como não tinha condições de pagar, o senhor ordenou que ele, sua mulher, seus filhos e tudo o que ele possuía fossem vendidos para pagar a dívida. O servo prostrou-se diante dele e lhe implorou: 'Tem paciência comigo, e eu te pagarei tudo'. O senhor daquele servo teve compaixão dele, cancelou a dívida e o deixou ir. Mas quando aquele servo saiu, encontrou um de seus conservos, que lhe devia cem denários. Agarrou-o e começou a sufocá-lo, dizendo: 'Pague-me o que me deve!' Então o seu conservo caiu de joelhos e implorou-lhe: 'Tenha paciência comigo, e eu lhe pagarei'. Mas ele não quis. Antes, saiu e mandou lançá-lo na prisão, até que pagasse a dívida. Quando os outros servos, companheiros dele, viram o que havia acontecido, ficaram muito tristes e foram contar ao seu senhor tudo o que havia acontecido. Então o senhor chamou o servo e disse: 'Servo mau, cancelei toda a sua dívida porque você me implorou. Você não devia ter tido misericórdia

do seu conservo como eu tive de você?' Irado, seu senhor entregou-o aos torturadores, até que pagasse tudo o que devia. Assim também lhes fará meu Pai celestial, se cada um de vocês não perdoar de coração a seu irmão".

Será que, mesmo recebendo o perdão e graça do nosso Pai, somos incapazes ou relutantes para compreender as faltas e falhas dos nossos irmãos e inclinados a alimentar rivalidades, fazer inimigos e provocar uns aos outros?

Deus nos diz: *"Quem odeia seu irmão é assassino, e vocês sabem que nenhum assassino tem a vida eterna em si mesmo"* (1 João 3:15), *"Assim também lhes fará meu Pai celestial, se cada um de vocês não perdoar de coração a seu irmão"* (Mateus 18:35), e nos encoraja: *"Irmãos, não se queixem uns dos outros, para que não sejam julgados. O Juiz já está às portas!"* (Tiago 5:9).

Devemos perceber que, se não amarmos, mas odiarmos nossos irmãos, então nós também pecamos e não seremos cheios do Espírito Santo, mas ficaremos aflitos. Portanto, mesmo se nossos irmãos nos odeiam ou nos desapontam, não devemos odiá-los ou desapontá-los de volta, mas sim guardar nossos corações com a verdade, entendimento e perdoar-lhes. Nossos corações devem ser capazes de oferecer orações de amor por tais irmãos e irmãs. Quando nós entendemos, perdoamos e amamos uns aos outros, com a ajuda do Espírito Santo, Deus também nos mostra Sua compaixão e misericórdia e manifesta obras de cura.

3. Você Deve se Arrepender se Tiver Orado com Ganância.

Quando Jesus curou o menino endemoniado, Seus discípulos perguntaram-Lhe: *"Por que não conseguimos expulsá-lo?"* (Marcos 9:28). Jesus respondeu: *"Essa espécie só sai pela oração e pelo jejum"* (Marcos 9:29).

Dependendo do grau de cura que se deseja receber, a oração e o muito implorar devem também ser oferecidos. Contudo, orações buscando os próprios interesses não serão respondidas, porque Deus não se deleita nelas. Deus nos ordenou: *"Assim, quer vocês comam, bebam ou façam qualquer outra coisa, façam tudo para a glória de Deus"* (1 Coríntios 10:31). Assim sendo, o propósito dos nossos estudos e o desejar obter fama ou poder devem ser para a glória de Deus. Vemos em Tiago 4:2-3: *"Vocês cobiçam coisas e não as têm; matam e invejam, mas não conseguem obter o que desejam. Vocês vivem a lutar e a fazer guerras. Não têm, porque não pedem. Quando pedem, não recebem, pois pedem por motivos errados, para gastar em seus prazeres"*.

Pedir pela cura a fim de manter uma vida saudável é para a glória de Deus; você receberá uma resposta quando pedir. Entretanto, se você não for curado, mesmo quando pedir para ser, embora Deus queira lhe dar coisas cada vez maiores, você deve estar buscando alguma coisa que não é certa, segundo a verdade.

De que tipo de oração Deus agrada? Como Jesus nos diz em Mateus 6:33: *"Busquem, pois, em primeiro lugar o Reino de Deus e a sua justiça, e todas essas coisas lhes serão acrescentadas"* ao invés de nos preocuparmos com alimento, roupas e coisas do tipo, devemos primeiro agradar a Deus, oferecendo orações pelo Seu reino e justiça, e pela evangelização e santificação. Só então Ele responderá aos desejos dos nossos corações e nos dará a cura completa para nossas doenças.

4. Você Deve se Arrepender, se Tiver Orado , Duvidando.

Deus agrada da oração que mostra a fé de uma pessoa. Sobre isso, encontramos o seguinte em Hebreus 11:6: *"Sem fé é impossível agradar a Deus, pois quem dele se aproxima precisa crer que ele existe e que recompensa aqueles que o buscam"*. Do mesmo modo, Tiago 1:6-7 nos lembra: *"Peça-a, porém, com fé, sem duvidar, pois aquele que duvida é semelhante à onda do mar, levada e agitada pelo vento. Não pense tal pessoa que receberá coisa alguma do Senhor"*.

Orações a Deus oferecidas com dúvidas indicam a descrença no Deus Todo Poderoso, desonrando o Seu poder e fazendo Dele um Deus incompetente. Você deve se arrepender logo, fazer como fizeram os patriarcas da fé, e orar diligente e fervorosamente para possuir a fé pela qual você consegue crer em seu coração.

Muitas vezes na Bíblia vemos que Jesus amou aqueles que possuíam grande fé, escolheu-os como Seus obreiros e executou Seu ministério com eles. Quando as pessoas não conseguiam demonstrar ou tinham pouca fé, Jesus as repreendia, mesmo se tais pessoas fossem Seus discípulos (Mateus 8:23-27), mas elogiava e amava aqueles com grande fé, mesmo se fossem gentios (Mateus 8:10).

Como você ora e que tipo de fé você tem?

Em Mateus 8:5-13, um centurião foi até Jesus e pediu-Lhe que curasse um de seus servos que estava em casa paralisado e em terrível sofrimento. Quando Jesus disse ao centurião: *"Eu irei curá-lo"* (v. 7), ele respondeu: *"Senhor, não mereço receber-te debaixo do meu teto. Mas dize apenas uma palavra e o meu servo será curado"* (v. 8), e mostrou sua grande fé a Jesus. Ao ouvir as palavras do centurião, Jesus se alegrou e o elogiou. *"Digo-lhes a verdade: Não encontrei em Israel alguém com tamanha fé"* (v. 10). O servo do centurião foi curado na mesma hora.

Em Marcos 5:21-43 está registrado um caso de uma extraordinária obra de cura. Quando Jesus estava à beira do mar, um dos dirigentes da sinagoga chamado Jairo foi até Ele e prostrou-se aos Seus pés implorando-Lhe: *"Minha filhinha está morrendo! Vem, por favor, e impõe as mãos sobre ela, para que seja curada e que viva"* (v. 23).

Enquanto Jesus ia com Jairo, uma mulher que havia doze anos vinha sofrendo de uma hemorragia foi até Ele. Ela já tinha sofrido muito sob o cuidado de muitos médicos e já tinha gastado tudo que tinha, mas só piorava.

A mulher havia ouvido falar que Jesus estava por perto e, entre a multidão que O cercava, tocou em Seu manto. Como ela cria, *"Se eu tão somente tocar em Seu manto, ficarei curada"* (v. 28), quando colocou sua mão sobre o manto de Jesus, o fluxo de sangue de seu corpo parou imediatamente e ela sentiu que havia sido curada daquela aflição. Na mesma hora, Jesus, percebendo que havia saído poder de Si, virou-se para a multidão e perguntou: *"Quem tocou em meu manto?"* (v. 30). Quando a mulher confessou a verdade, Jesus lhe disse: *"Filha, a sua fé a curou! Vá em paz e fique livre do seu sofrimento"* (v. 34). Ele deu àquela mulher salvação, assim como também a bênção da saúde.

Naquela hora, as pessoas da casa de Jairo vieram e disseram-lhe: *"Sua filha morreu"* (v. 35). Jesus, porém, garantiu a Jairo: *"Não tenha medo; tão somente creia"* (v. 36), e continuou indo para sua casa. Lá, Jesus disse às pessoas: *"A criança não está morta, mas dorme"* (v. 39), e disse à garota: *"Talita cumi; que, traduzido, é: Menina, a ti te digo, levanta-te"* (v. 41). A menina levantou-se de uma só vez e começou a andar.

Creia que quando pedir com fé, mesmo uma doença séria pode ser curada e o morto pode ser ressuscitado. Se você tem orado, duvidando de alguma coisa, receba a cura e seja forte se arrependendo de tal pecado.

5. Você Deve se Arrepender de Ter Desobedecido aos Mandamentos de Deus.

Em João 14:21 Jesus nos diz: *"Quem tem os meus mandamentos e lhes obedece, esse é o que me ama. Aquele que me ama será amado por meu Pai, e eu também o amarei e me revelarei a ele"*. Em 1 João 3:21-22, também somos lembrados: *"Amados, se o nosso coração não nos condenar, temos confiança diante de Deus e recebemos dele tudo o que pedimos, porque obedecemos aos seus mandamentos e fazemos o que Lhe agrada"*. Um pecador não pode ter confiança diante de Deus. Contudo, se nossos corações são honráveis e sem mancha, quando medidos com a Palavra da verdade, podemos pedir a Deus qualquer coisa sem hesitarmos.

Logo, como um crente em Deus, você deve conhecer e compreender os Dez Mandamentos, que servem como um resumo dos sessenta e seis livros da Bíblia, e descobrir o quanto de sua vida tem sido desobediente a eles.

I. Já tive em meu coração algum outro deus além de Deus?

II. Já idolatrei alguma das minhas posses, filhos, saúde, negócios ou qualquer outra coisa?

III. Já usei o nome de Deus em vão?

IV. Sempre guardei santo o dia de Sábado?

V. Sempre honrei meus pais?

VI. Já cometi algum assassinato físico ou espiritual, odiando meus irmãos e irmãs ou fazendo-os pecar?

VII. Já cometi adultério, mesmo em meu coração?

VIII. Já roubei?

IX. Já dei falso testemunho contra meu próximo?

X. Já cobicei as coisas do meu próximo?

Ademais, você também deve olhar para trás e ver se tem guardado o mandamento de Deus, amando seu próximo como a si mesmo. Quando você obedece aos mandamentos de Deus e lhe pede ajuda, o Deus de poder cura todas e quaisquer doenças.

6. Você Deve se Arrepender Por Não Ter Plantado em Deus

Como Deus controla tudo no universo, Ele estabeleceu regras para o mundo espiritual e, como um justo juiz, Ele governa e gerencia todas as coisas apropriadamente.

Em Daniel 6, o rei Dário se viu em uma situação difícil na qual ele, mesmo sendo rei, não podia salvar seu estimado servo Daniel da cova dos leões. Como ele mesmo tinha estabelecido um decreto, Dário não podia desobedecer à lei que ele estabelecera. Se o rei fosse o primeiro a desobedecer à lei, quem iria servi-lo ou atentar para ele? Por isso, embora seu amado servo Daniel estivesse prestes a ser lançado na cova dos leões, em uma conspiração de homens maus, não havia nada que Dário pudesse fazer.

Da mesma forma, como Deus não quebra as regras nem desobedece às leis que Ele mesmo estabeleceu, tudo no universo acontece em perfeita ordem debaixo de Sua soberania. É por isso que, *"Não se deixem enganar: de Deus não se zomba. Pois o que o homem semear, isso também colherá"* (Gálatas 6:7).

Quanto mais você plantar em oração, mais crescerá espiritualmente, receberá respostas, seu ser interior será fortalecido e seu espírito renovado. Se estava enfermo ou doente, mas agora você cultiva seu tempo, amando a Deus, indo e participando diligentemente dos cultos, você receberá a bênção da saúde e certamente sentirá seu corpo mudar. Se plantar riquezas em Deus, Ele o protegerá e será seu abrigo em meio a tribulações, além de lhe dar maiores riquezas também.

Ao entender a importância de plantar em Deus e se livrar das esperanças que esse mundo sentenciado à decadência e perecimento oferece e começar a armazenar recompensas no céu com fé verdadeira, o Deus de poder faz com que você tenha uma vida sempre saudável.

Portanto, com a Palavra de Deus, nós vemos o que forma um muro entre o homem e Deus e por que, às vezes, temos vivido doentes e angustiados. Se você não crê em Deus e vem sofrendo por causa de alguma doença, aceite Jesus Cristo como seu Salvador e comece uma vida em Cristo. Não tema aqueles que podem matar a carne, mas sim Aquele que pode condenar a carne e o espírito ao inferno. Guarde sua fé no Deus da salvação, quando estiver sendo perseguido por seus pais, irmãos, esposo (a) e demais familiares. Quando Deus reconhecer fé, Ele trabalhará, para que você receba a graça da cura.

Se você é cristão, mas vem sofrendo de alguma doença, olhe para si mesmo e veja se há coisas más como o ódio, inveja, injustiça, imundície, ganância, desonestidade, assassinato, contendas, fofocas, escândalos, orgulho e coisas do tipo. Orando a Deus e recebendo Seu perdão em Sua compaixão e misericórdia, você também pode receber respostas quanto ao seu problema de saúde.

Muitos tentam barganhar com Deus. Dizem que, se Deus os curar, eles crerão em Jesus e O seguirão firmemente. Contudo, como Deus conhece o coração de cada indivíduo, só depois de a pessoa ser espiritualmente limpa é que Ele pode curá-la de alguma doença física.

Entendendo que os pensamentos do homem e de Deus são diferentes, que você possa primeiro obedecer à vontade Dele, para que então o seu espírito vá bem e receba as bênçãos da cura de sua doença. Em nome do nosso Senhor, eu oro!

Capítulo 3

O Deus que Cura

Êxodo 15:26

"Se vocês derem atenção ao SENHOR, o seu Deus, e fizerem o que Ele aprova, se derem ouvidos aos Seus mandamentos e obedecerem a todos os Seus decretos, não trarei sobre vocês nenhuma das doenças que eu trouxe sobre os egípcios, pois eu sou o SENHOR que os cura".

Por que o homem fica doente?

Embora o Deus que cura queira que todos os Seus filhos vivam vidas saudáveis, muitos deles têm sofrido por causa de alguma doença, incapacitados de resolver tal problema. Assim como há uma causa para cada consequência, há também uma causa para cada doença. Uma vez determinada a causa, qualquer doença pode ser curada rapidamente. Todos aqueles que desejam ser curados devem primeiro procurar a razão de suas doenças. Baseados na Palavra de Deus em Êxodo 15:26, iremos nos aprofundar na causa das doenças e nas maneiras pelas quais podemos ser libertos delas, passando a ter corpos saudáveis.

"SENHOR" é um nome designado a Deus que significa o mesmo que *"Eu Sou o que Sou"* (Êxodo 3:14) e também indica que todos os seres estão sujeitos à autoridade do Mais reverenciado Deus. A partir da maneira como Deus se referiu a Si mesmo como "O SENHOR que cura" (Êxodo 15:26), vemos que o amor de Deus nos liberta da angústia e da doença e Seu poder cura nossas dores.

Em Êxodo 15:26, Deus nos prometeu: *"Se vocês derem atenção ao SENHOR, o seu Deus, e fizerem o que ele aprova, se derem ouvidos aos seus mandamentos e obedecerem a todos os seus decretos, não trarei sobre vocês nenhuma das doenças que eu trouxe sobre os egípcios, pois eu sou o SENHOR que os cura".* Sendo assim, se você está doente é sinal de que você não tem ouvido a voz de Deus, feito o que é correto aos Seus olhos, nem obedecido aos seus mandamentos.

Uma vez que os filhos de Deus são também cidadãos dos céus, eles devem se ater às leis celestiais, pois, caso contrário, visto que pecar é transgredir a lei (1 João 3:4), Deus não os protege. As forças das doenças então se infiltram e deixam os filhos desobedientes a Deus sob a angústia da doença.

Examinemos detalhadamente os modos pelos quais podemos ficar doentes e como o poder do Deus que cura pode curar todos aqueles que estão com algo de errado em seus corpos.

O Caso de Quando a Pessoa Adoece como Resultado de seu Pecado

Na Bíblia, Deus nos diz muitas vezes que a causa das doenças é o pecado. João 5:14 diz: *"Mais tarde Jesus o encontrou no templo e lhe disse: 'Olhe, você está curado. Não volte a pecar, para que algo pior não lhe aconteça'"*. Esse versículo nos lembra que as pessoas adoecem por causa do pecado e que quanto mais o homem peca, piores são suas doenças.

Em Deuteronômio 7:12-15 Deus nos prometeu: *"Se vocês obedecerem a essas ordenanças, as guardarem e as cumprirem, então o SENHOR, o seu Deus, manterá com vocês a aliança e a bondade que prometeu sob juramento aos seus antepassados. Ele os amará, os abençoará e fará com que vocês se multipliquem. Ele abençoará os seus filhos e os frutos da sua terra: o cereal, o vinho novo e o azeite, as crias das vacas e das ovelhas, na terra que aos seus antepassados jurou dar a vocês. Vocês serão mais abençoados do que qualquer outro povo! Nenhum dos seus homens ou mulheres será estéril, nem mesmo os animais do seu rebanho. O SENHOR os guardará de todas as doenças. Não infligirá a vocês as doenças terríveis que, como sabem, atingiram o Egito, mas as infligirá a todos os seus inimigos".* Aqueles que têm ódio no coração são maus e pecam, doenças virão sobre tais indivíduos.

Em Deuteronômio 28, também conhecido como "O Capítulo da Bênção", Deus fala sobre os tipos de bênçãos que recebemos, quando obedecemos completamente a seus mandamentos e os tipos de maldição que nos alcançam, quando não o fazemos.

Mencionados detalhadamente, há os tipos de doenças às quais somos expostos se desobedecemos a Deus. Há doenças devastadoras: febre, inflamações, calor abrasador e seca, ferrugem e mofo, "úlceras do Egito: tumores, feridas purulentas e sarnas, males dos quais vocês não poderão se curar", loucura, cegueira, confusão mental, doenças dolorosas e incuráveis nos joelhos e pernas, que se espalham da planta dos pés ao alto da cabeça (Deuteronômio 28:21-35).

Entendendo corretamente que a causa da doença é o pecado, se você está doente, você deve se arrepender de não estar vivendo segundo a Palavra de Deus e ser perdoado. Uma vez que você recebe a cura, vivendo de acordo com a Palavra, você nunca deve pecar de novo.

O Caso de Quando Alguém Adoece, Embora Ache que Não Tenha Pecado

Algumas pessoas dizem que, mesmo não tendo pecado, ficaram doentes. Contudo, a Palavra de Deus nos diz que se fizermos aquilo que é correto aos olhos de Deus, prestarmos atenção aos Seus mandamentos e guardarmos todos os Seus decretos, Deus não nos infligiria com nenhuma doença. Se estamos doentes, temos agora é que reconhecer que, no decorrer de algum período de nossa vida, não fizemos o que era certo aos olhos Dele e não guardamos Suas ordenanças.

Então, é o pecado que faz com que adoeçamos?

Quando uma pessoa usa o corpo saudável que lhe foi dado por Deus, sem domínio próprio ou com imoralidade, desobedece aos mandamentos Dele, comete erros e leva uma vida desorganizada, ela corre um grande risco de ficar doente. Entre os tipos de doenças nessa categoria estão a gastroenterite, causada pela má-alimentação; doenças no fígado, causadas pelo cigarro ou álcool e outras causadas pela danificação do corpo humano.

Isso pode não ser um pecado aos olhos humanos, mas aos

de Deus é. A gula é pecado porque expressa a ganância e a inabilidade de se exercer domínio próprio. Quando alguém adoece por qualquer tipo de má alimentação, seu pecado é não ter vivido de forma disciplinada em relação à comida, com tempos certos para comer, mas ter abusado de seu corpo sem autocontrole; e quando alguém adoece por ter comido algo que ainda não estava pronto, seu pecado foi o da impaciência – algo que não condiz com a verdade.

Quando alguém se corta acidentalmente ao usar uma faca e a ferida inflama, isso também é o resultado de um pecado. Se essa pessoa amasse a Deus verdadeiramente, Ele a teria protegido de acidentes o tempo todo. Mesmo se ela errasse, Deus viria com uma forma de ela sair bem da situação e o seu corpo não seria danificado, pois Ele trabalha para o bem daqueles que O amam. Machucados e feridas teriam sido causados, porque ela agiu de qualquer forma, e não virtuosamente, não sendo justa diante de Deus e fazendo, assim, suas ações serem pecaminosas.

O mesmo se aplica quando se diz respeito ao cigarro e à bebida. Se a pessoa sabe que fumar prejudica sua mente, danifica seus brônquios e causa câncer e, ainda assim, não para de fazê-lo; ou se sabe que o álcool prejudica todo o seu tubo digestivo e deteriora seus órgãos, mas também não para de beber, tais atos são considerados pecados. Tais atitudes mostram a incapacidade de ela exercer autocontrole, a força do desejo pela bebida em seu coração, a falta de amor por seu corpo e o não seguir a vontade de Deus. Como pode tal pessoa não ser pecadora?

Mesmo que antes não tivéssemos certeza de que todas as doenças fossem resultado do pecado, nós agora podemos estar certos disso, pois examinamos casos diferentes à luz da Palavra de Deus. Devemos sempre obedecer e viver pela Palavra Dele, para que sejamos libertos da doença. Em outras palavras, quando fazemos o que é certo aos olhos de Deus, prestamos atenção aos Seus mandamentos e guardamos as Suas ordenanças, Ele nos protege da doença o tempo todo.

Doenças Causadas por Neurose e outras Desordens Mentais

Etatísticas nos mostram que o número de que pessoas que sofrem de neurose e outras desordens mentais está aumentando. Se as pessoas forem pacientes como a Palavra de Deus nos instrui, e se elas perdoam, amam, e entendem a verdade, elas podem facilmente serem libertas detas doenças. Ainda há algum mal permanecendo em seus corações e este mal as impede de viver a Palavra de Deus. A agonia mental deteriora outras partes do corpo e também o sistema imulológico, eventualmente causando uma doença. Quando vivemos a Palavra de Deus, nossas emoções não ficam agitadas, nós não ficamos de cabeça quente e nossas mentes não são encitadas.

Existem aqueles ao nosso redor que não parecem ser maus, mas bons, ainda sim sofrem destas doenças. Porque eles se restringem até a expressão comum das emoções, eles sofrem de uma doença muito mais severa que aqueles que manifestam sua ira ou ódio. Bondade, na verdade, não é estar aparentemente bem, mas com um conflito dentro de si; mas é entender o próximo em perdão e amor, suportando tudo com domínio próprio.

Ademais, quando as pessoas pecam conscientes do que estão fazendo, elas começam a sofrer de doenças e angústias mentais que as destroem. Pelo fato de elas não agirem beneficamente, mas mergulharem na maldade, seu sofrimento mental acaba desencadeando doenças. Estamos vendo, pois, que a neurose e outros problemas mentais são causados pelo próprio paciente, devido a atitudes tolas e más. Mesmo assim, o Deus de amor cura aqueles que O buscam, querendo ser curados, dá-lhes esperança pelo céu e ainda lhes permite habitar em meio à verdadeira felicidade e conforto.

Doenças do Inimigo Também São Por Causa do Pecado

Algumas pessoas são possuídas por Satanás e sofrem e padecem de toda doença que o inimigo lhes lança. Isso acontece porque tais pessoas abandonaram a vontade de Deus e se afastaram da verdade. A razão pela qual um grande número de pessoas fica doente, tem alguma deficiência física e fica endemoniada em famílias extremamente idólatras é porque Deus abomina a idolatria.

Em Êxodo 20:5-6 encontramos: *"Não te prostrarás diante deles nem lhes prestarás culto, porque eu, o SENHOR, o teu Deus, sou Deus zeloso, que castigo os filhos pelos pecados de seus pais até a terceira e quarta geração daqueles que me desprezam, mas trato com bondade até mil gerações aos que me amam e obedecem aos meus mandamentos."* Ele nos deu um mandamento especial, proibindo-nos de adorar a ídolos. Dos Dez Mandamentos que Ele nos deu, pelos dois primeiros – *"Não terás outros deuses além de mim"* (v.3) e *"Não farás para ti nenhum ídolo, nenhuma imagem de qualquer coisa no céu, na terra, ou nas águas debaixo da terra"* (v.4) – podemos perceber facilmente o quanto Deus detesta idolatria.

Quando os pais desobedecem à vontade de Deus e adoram ídolos, seus filhos irão naturalmente seguir seus passos. Quando os pais não obedecem à Palavra de Deus e praticam a maldade, seus filhos irão naturalmente seguir seus passos em direção à maldade também. Quando o pecado da desobediência alcança a terceira e quarta gerações, como salário do pecado, seus descendentes sofrerão com doenças que o inimigo colocar sobre eles.

Entretanto, se apesar de os pais haverem adorado a ídolos, os filhos, na bondade de seus corações, adorarem a Deus, Ele mostrará Seu amor e misericórdia para com estes e os abençoará. Semelhantemente, pessoas que estão atualmente padecendo por causa de doenças trazidas por Satanás, porque abandonaram a vontade de Deus e se afastaram da verdade, podem ser curadas pelo Deus que sara, se se arrependerem e se converterem de seus caminhos de pecado. Algumas são curadas imediatamente, outras Ele cura um pouco depois e há ainda aquelas a quem Ele cura de acordo com o crescimento de sua fé. A obra de cura acontece de acordo com a vontade de Deus. Se as pessoas têm corações constantes aos Seus olhos, elas são curadas na mesma hora; mas se seus corações são maliciosos ou astutos, são curadas depois de algum tempo.

Seremos Libertos da Doença, Quando Vivermos pela Fé

Pelo fato de Moisés ter sido a pessoa mais humilde da face da terra (Números 12:3) e fiel em toda a casa de Deus, ele foi considerado por Deus como um servo digno de confiança (Números 12:7). A Bíblia também nos diz que, quando ele morreu aos cento e vinte anos de idade, nem seus olhos nem o seu vigor tinham se enfraquecido (Deuteronômio 34:7). Pelo fato de Abraão ter sido um homem completo que, pela fé, obedeceu e honrou a Deus, ele viveu até os 175 anos (Gênesis 25:7). Daniel era saudável, mesmo comendo só legumes (Daniel 1:12-16), e João Batista era robusto, embora comesse apenas gafanhotos e mel silvestre (Mateus 3:4).

Alguém pode se perguntar como as pessoas podem se manter saudáveis sem comer carne. Contudo, quando Deus criou o homem, Ele lhe disse que comesse apenas frutas. Em Gênesis 2:16-17 Deus diz ao homem: *"Coma livremente de qualquer árvore do jardim, mas não coma da árvore do conhecimento do bem e do mal, porque no dia em que dela comer, certamente você morrerá"*. Depois da desobediência de Adão, o homem passou a poder comer somente das plantas do campo (Gênesis 3:18), e com o crescimento do pecado no mundo, depois do Julgamento da Inundação, Deus disse a Noé em Gênesis 9:3: *"Tudo o que vive e se move servirá de alimento para vocês. Assim como lhes dei os vegetais, agora lhes dou todas as coisas"*. Com o crescimento da maldade dos homens, Deus lhes permitiu que comessem carne, mas nenhum alimento "detestável" (Levítico 11; Deuteronômio 14).

Nos tempos do Novo Testamento, Deus nos disse em Atos 15:29: *"Que se abstenham de comida sacrificada aos ídolos, do sangue, da carne de animais estrangulados e da imoralidade sexual. Vocês farão bem em evitar essas coisas"*. Ele permitiu que comêssemos aquilo que é bom para nossa saúde e nos aconselhou a nos abstermos daquilo que nos é prejudicial; sendo ainda melhor para nós se não comêssemos ou bebêssemos nada daquilo que Deus não agrada. Quanto mais seguirmos a vontade de Deus e vivermos pela fé, mais fortes serão nossos corpos, as doenças irão embora e nenhum mal nos invadirá mais.

Igualmente, não adoeceremos quando vivermos em justiça e

fé, pois, há dois mil anos, Jesus Cristo veio a este mundo e tomou sobre Si todos os nossos fardos pesados. Como cremos que, ao derramar Seu sangue, Jesus nos redimiu dos nossos pecados e que com Seu sofrimento e o fato de Ele ter levado nossas enfermidades, fomos sarados (Mateus 8:17), as coisas acontecem de acordo com a nossa fé (Isaías 53:5-6; 1 Peter 2:24).

Antes de conhecermos a Deus, não tínhamos fé nenhuma. Vivíamos em busca dos desejos da nossa natureza carnal e sofríamos de várias doenças resultantes de nossos pecados; porém, quando vivemos pela fé e fazemos tudo em justiça e retidão, somos abençoados com saúde física.

Se a mente é saudável, o corpo também é. Quando vivemos em justiça e agimos de acordo com a Palavra de Deus, nossos corpos são cheios do Espírito Santo. Doenças nos deixam enquanto nossos corpos recebem saúde física e nenhuma enfermidade nos infiltra mais. Uma vez que nossos corpos estiverem em paz, leves, cheios de alegria e saudáveis, não mais sofreremos necessidades, mas seremos sempre e somente gratos pela saúde que Deus nos deu.

Que você possa agir em justiça e fé para que, enquanto seu espírito estiver bem, você possa ser curado de todas as suas doenças e enfermidades e receber saúde! Que você também possa receber o amor abundante de Deus, enquanto obedece e vive segundo a Sua Palavra. Tudo isso, em nome do nosso Senhor, eu oro!

Capítulo 4

Pelas Suas Feridas
Fomos Curados

Isaías 53:4-5

"Certamente ele tomou sobre si as nossas enfermidades e sobre si levou as nossas doenças; contudo nós o consideramos castigado por Deus, por Deus tê-lo atingido e afligido. Mas ele foi transpassado por causa das nossas transgressões, foi esmagado por causa de nossas iniquidades; o castigo que nos trouxe paz estava sobre ele e, pelas suas feridas, fomos curados".

Jesus, Como o Filho de Deus, Curou Todas as Doenças

Enquanto as pessoas navegam no curso de suas vidas, elas se deparam com diversos problemas. Assim como o mar não está calmo o tempo todo, no mar da vida também há vários problemas que nascem no lar, trabalho, negócios, doenças, poder e riquezas, etc. Não seria exagero dizer que entre os problemas da vida, o mais significante é o da doença.

Independente de qualquer conhecimento ou riqueza que se possa possuir, quando alguém se vê sofrendo de uma doença crítica, percebe-se que tudo para o que se trabalhou toda uma vida não passa de uma bolha. Por um lado vemos que, enquanto a civilização material avança e as riquezas aumentam, o desejo do homem pela saúde também é crescente. Por outro lado, independente do tanto que a ciência e a medicina se desenvolvem, novos e raros tipos de doenças – contra as quais o conhecimento do homem é inútil – têm sido continuamente descobertos e o número de doentes tem aumentado drasticamente. Talvez seja por isso que a ênfase na vida saudável seja tão grande hoje em dia.

Sofrimento, doença e morte – tudo com origem no pecado – ilustram as limitações do homem. Como Ele fez nos tempos do Velho Testamento, o Deus que cura nos apresenta hoje o caminho pelo qual as pessoas que creem Nele podem ser curadas de todas as doenças, pela fé em Jesus Cristo. Examinemos a Bíblia e vejamos por que recebemos respostas ao problema da doença e temos vidas saudáveis com a fé em Jesus Cristo.

Quando Jesus perguntou aos Seus discípulos: *"Quem vocês dizem que eu sou?"* Simão Pedro respondeu: *"Tu és o Cristo, o Filho do Deus vivo"* (Mateus 16:15-16). Essa resposta parece bem simples, porém ela também revela plenamente que só Jesus é o Cristo.

Em Seus tempos, uma grande multidão seguia Jesus porque Ele curava os enfermos imediatamente. Entre eles, incluíam endemoniados, epiléticos, paralíticos e outros que sofriam de várias outras doenças. Quando leprosos, pessoas com febre, paralíticos, cegos e outros enfermos eram curados com o toque de Jesus, eles começavam a segui-Lo e servi-Lo. Como devia ser maravilhoso ver Jesus! Ao testemunhar tais milagres e maravilhas, as pessoas acreditavam e aceitavam Jesus, recebiam respostas aos problemas de suas vidas e os doentes experimentavam obras de cura. Além disso, assim como Jesus curava as pessoas em Seu tempo, qualquer que venha hoje diante Dele também é curado.

Um homem não muito diferente de um paralítico foi à Vigília de Sexta em nossa igreja, logo depois da fundação. Depois de um acidente de carro, o homem fez terapia por muito tempo no hospital, mas como os tendões de seus joelhos tinham sido estendidos, ele não conseguia dobrá-los e, como sua canela não movia, era impossível ele andar. Enquanto ouvia a Palavra pregada, ansiou por aceitar Jesus Cristo e ser curado. Quando orei fervorosamente por ele, ele se levantou imediatamente e começou a andar e correr. Assim como o aleijado perto da porta de um templo chamado Formosa, de um salto pôs-se de pé e começou a andar com a oração de Pedro (Atos 3:1-10), uma obra miraculosa de Deus foi manifestada.

Isso serve como uma prova de que, quem crê em Jesus Cristo e recebe perdão em Seu nome, pode ser completamente curado de todas as suas doenças – mesmo quando a cura não pode ser fornecida pela medicina – já que o corpo é renovado e restaurado. Deus, que é o mesmo ontem, hoje e eternamente, (Hebreus 13:8) trabalha nas pessoas que creem em Sua Palavra e O buscam de acordo com sua fé, curando várias doenças, abrindo os olhos dos cegos e fazendo paralíticos andar.

Qualquer pessoa, que tenha aceitado Jesus Cristo, foi perdoada de todos os seus pecados e se tornou filha de Deus, deve agora viver uma vida em liberdade.

Examinemos agora, detalhadamente, por que cada um de nós pode ter uma vida saudável, quando passamos a crer em Jesus Cristo.

Jesus foi Açoitado e Derramou Seu Sangue

Antes de Sua crucificação, Jesus foi açoitado por soldados romanos e derramou Seu sangue na corte, diante de Pôncio Pilatos. Naquele tempo, os soldados romanos eram robustos, sadios, extremamente fortes e bem treinados. Como se não bastasse, eram ainda soldados de um império que governava o mundo. A dor excruciante que Jesus suportou, quando aqueles soldados O despiam e açoitavam, não cabe em simples palavras. A cada chicotada, o chicote envolvia o corpo de Jesus e arrancava Sua carne, fazendo com que Seu sangue o ensopasse.

Por que Jesus, o Filho de Deus sem pecado, culpa ou mancha, teve de ser açoitado de forma tão brusca e sangrar por nós, pecadores? É que esse evento implica em algo espiritual de infinita importância e mostra a incrível providência de Deus.

1 Pedro 2:24 nos diz que, pelas feridas de Jesus, nós fomos curados. Em Isaías 53:5 lemos que por Suas pisaduras fomos sarados. Há aproximadamente dois mil anos, Jesus, o Filho de Deus, foi ferido, a fim de nos redimir da agonia da doença e derramou Seu sangue pelo nosso pecado por não vivermos segundo a Palavra de Deus. Quando cremos no Jesus que foi ferido e teve Seu sangue derramado, somos libertados de nossas doenças e somos curados. Isso é um exemplo do impressionante amor e sabedoria de Deus.

Portanto, se você está sofrendo de alguma doença, como filho de Deus, arrependa-se de seus pecados e creia que você já foi curado. Uma vez que *"a fé é a certeza daquilo que esperamos e a prova das coisas que não vemos"* (Hebreus 11:1), mesmo se você estiver sentindo dor em alguma parte do seu corpo, pela fé você pode dizer: "Eu já fui curado" e você o será de fato.

Durante meus anos de escola eu havia machucado uma das minhas costelas e, de tempos em tempos, eu sentia uma dor que era tão insuportável que eu mal conseguia respirar. Um ou dois anos depois que eu aceitei Jesus Cristo, a dor ainda vinha sempre que eu tentava levantar algum objeto pesado e me impedia de dar mais um passo à frente. Contudo, como eu já havia experimentado e cria no poder do Deus Todo Poderoso, eu orava fervorosamente: "Quando eu me mexer, logo depois que orar, eu creio que a dor terá desaparecido e eu vou andar". Como eu acreditava só no meu Deus e havia apagado o pensamento de dor, conseguia me levantar e andar. Foi como se a dor tivesse existido apenas em minha imaginação.

Como Jesus nos disse em Marcos 11:24: *"Portanto, eu lhes digo: Tudo o que vocês pedirem em oração, creiam que já o receberam e, assim, lhes sucederá,"* se cremos que já fomos curados, nós de fato receberemos a cura, segundo a nossa fé. Entretanto, se acharmos que não fomos curados ainda, por causa da dor persistente que sentimos, a doença não será curada. Em outras palavras, somente quando quebrarmos o nosso modo de pensar é que tudo será feito, segundo nossa fé.

É por isso que Deus nos diz que a mentalidade da carne é inimiga de Deus (Romanos 8:7) e nos incentiva a levar cativo todo pensamento a Ele (2 Coríntios 10:5). Em Mateus 8:17 ainda vemos que Jesus levou sobre Si nossas enfermidades e carregou nossas doenças. Se você pensa 'Eu sou fraco', só lhe resta continuar sendo fraco. Entretanto, não importa quão difícil e exaustiva sua vida possa estar, se seus lábios confessarem: "Uma vez que tenho em mim o poder e a graça de Deus e que o Espírito Santo me governa, não estou exausto". A exaustão desaparecerá e você se transformará em uma pessoa robusta.

Se realmente acreditamos que Jesus Cristo levou sobre Si

nossas enfermidades e carregou nossas doenças, devemos lembrar que não há razão para sofrermos de alguma doença.

Quando Jesus Viu a Fé Deles

Agora que fomos curados de nossas doenças pelas feridas de Jesus, o que precisamos é da fé pela qual podemos acreditar nisso. Hoje, muitas pessoas, que antes não acreditavam em Jesus Cristo, vêm diante Dele com suas doenças. Algumas são curadas pouco tempo depois de O aceitarem, enquanto outras não mostram nenhum progresso, mesmo depois de meses de oração. Este último grupo de pessoas precisa olhar para dentro de si e examinar sua fé.

Com um relato registrado em Marcos 2:1-12, exploremos como o paralítico e seus quatro amigos demonstraram sua fé. Conseguiram que a mão de milagres do Senhor o libertasse de sua doença e glorificaram a Deus.

Quando Jesus visitou Cafarnaum, as notícias de Sua chegada se espalharam rapidamente e uma grande multidão se reuniu. Jesus pregava a Palavra de Deus – a verdade – para o povo e a multidão prestava atenção, cuidando para não perderem uma palavra sequer do Mestre. Então quatro homens apareceram com um homem em uma maca, mas devido à grande multidão, não conseguiam levar o paralítico mais perto de Jesus.

Todavia, eles não desistiram. Eles subiram no telhado da casa onde Jesus estava, fizeram ali uma abertura e desceram a maca em que o paralítico estava deitado. Quando Jesus viu a fé deles, Ele disse ao paralítico: "Filho, seus pecados estão perdoados... levante-se, tome o seu leito e vai para casa". E o paralítico recebeu a cura pela qual ele tanto esperava. Quando ele tomou o seu leito e andou diante de todas as pessoas ali reunidas, elas ficaram maravilhadas e glorificaram a Deus.

O paralítico vinha sofrendo de uma doença tão séria, que não conseguia nem se locomover por conta própria. Quando ele ouviu falar de Jesus, que havia aberto olhos de cegos, feito paralíticos se levantar, curado leprosos, expulsado demônios e curado muitas outras doenças, ele passou a desejar encontrar com Ele desesperadamente. Como ele tinha um bom coração, quando ouviu dizer tais coisas, ansiou por encontrar Jesus, ao descobrir onde Ele iria estar.

Ele, um dia, ouviu dizer que Jesus estaria em Cafarnaum. Você consegue imaginar como ele deve ter ficado feliz ao saber isso? Ele deve ter procurado amigos, que pudessem ajudá-lo e estes, que felizmente também tinham fé, devem ter aceitado prontamente o pedido de seu amigo. Como eles também tinham ouvido falar de Jesus, quando seu amigo pediu-lhes encarecidamente que o levassem até Ele, eles concordaram.

Se os amigos do paralítico tivessem negligenciado seu pedido, ridicularizando-o e dizendo: "Como você pôde acreditar em tais coisas? Você não viu com seus próprios olhos?", eles não teriam feito tudo o que fizeram para ajudar o amigo. Contudo, como eles também tinham fé, eles conseguiram levar seu amigo até Jesus, sobre uma maca, cada um segurando uma ponta dela, assumindo até a responsabilidade e o problema de abrir o telhado de alguém.

Depois de uma difícil jornada, ao verem a grande multidão reunida e a impossibilidade de passar no meio dela para chegar mais perto de Jesus, quão ansiosos e desanimados eles devem ter ficado! Eles devem ter pedido, ou mesmo implorado, por uma pequena abertura. Entretanto, como era grande o número de pessoas naquele lugar, não houve nenhuma passagem e eles estavam começando a ficar desesperados. Por fim, decidiram subir ao telhado da casa onde Jesus estava, fizeram um buraco nele e desceram a maca com seu amigo até a frente de Jesus. O paralítico foi e encontrou-se com Jesus na menor distância que alguém havia conseguido. Através dessa história, podemos ver o quanto o paralítico e seus amigos queriam estar diante de Jesus.

Devemos prestar atenção no fato de que o paralítico e seus amigos não foram simplesmente diante de Jesus. O fato de eles passarem por problemas, para que conseguissem encontrá-Lo, depois de ouvirem falar Dele, nos diz que eles acreditaram no que ouviram e na mensagem que Ele ensinava. Além disso, superando dificuldades e se aproximando agressivamente de Jesus, o paralítico e seus amigos mostraram como não eram nada diante Dele.

Quando as pessoas viram o paralítico e seus amigos subindo no telhado e fazendo uma abertura nele, elas devem ter, ou desdenhado deles ou ficado bravas com sua atitude. Talvez, algo que não conseguimos nem imaginar, também pode ter acontecido. No entanto, para aquelas cinco pessoas, nada e ninguém entraria em seu caminho. Uma vez diante de Jesus, o paralítico seria curado. O telhado podia ser consertado facilmente depois; ou se pagaria pelos danos.

Contudo, dentre muitos sofrendo de doenças severas hoje, é difícil achar alguém que apresente ou tenha a família apresentando fé. Ao invés de ir agressivamente para diante de Jesus, essas pessoas são rápidas em dizer: "Estou terrivelmente doente. Gostaria de ir ter com Jesus, mas não consigo". É decepcionante ver pessoas tão passivas que parecem estar esperando que uma maçã caia do pé direto em suas bocas. Em outras palavras, falta fé para tais pessoas.

Se as pessoas professam sua fé em Deus, elas também precisam demonstrar a intensidade da mesma. Uma pessoa não consegue experimentar a obra de Deus pela fé que é recebida e armazenada como conhecimento, mas só quando sua fé é obra é que esta se torna uma fé viva e o fundamento de fé é construído, já que a fé espiritual é que é recebida. Logo, assim como o paralítico foi curado por Deus em seu fundamento de fé, nós também devemos ser sábios e mostrar-Lhe nossos fundamentos de fé – a fé em si – para que nós possamos ter vidas que recebam a fé espiritual dada por Deus, e receber Seus milagres.

Seus Pecados Estão Perdoados

Jesus disse ao paralítico que foi para diante Dele com a ajuda de seus amigos: "Filho, os seus pecados estão perdoados" e resolveu o problema do pecado. Como é impossível que alguém tenha sua oração respondida, se houver uma parede de pecados entre ele e Deus. Jesus primeiro tratou do problema do pecado do paralítico, que havia se achegado a Ele com um fundamento de fé.

Aos que verdadeiramente professam sua fé em Deus, a Bíblia diz que atitudes devem ter diante Dele e como devem agir. Obedecendo às ordens como: "Fazei" e "Não façais", "Guardai", "Despojai-vos" e outras, o injusto torna-se justo e o mentiroso torna-se uma pessoa sincera e honesta. Quando obedecemos à Palavra da verdade, nossos pecados são lavados pelo sangue do Senhor e quando recebemos perdão, a proteção e as respostas de Deus vêm do alto.

Como todas as doenças vêm do pecado, uma vez resolvido o problema do pecado, a condição para que a obra de Deus seja manifestada é estabelecida. Assim como uma lâmpada se acende e máquinas são operadas, quando uma corrente elétrica vai do ânodo para o cátodo, quando Deus olha para o fundamento de fé de uma pessoa, Ele libera o perdão e dá-lhe fé do alto, produzindo então um milagre.

"Levante-se! Pegue a sua maca e ande!" (Marcos 2:11). Como deve ter sido confortante ouvir tais palavras! Ao ver a fé do paralítico e de seus quatro amigos, Jesus resolveu o problema do pecado do paralítico e este passou a andar na mesma hora. Ele ficou, depois de muito tempo, desejando-o completo, novamente. Da mesma forma, se desejamos receber respostade Deus, não apenas relacionadas a doenças, mas a qualquer outro tipo de problema que temos, devemos nos lembrar de que, primeiro precisamos receber

Seu perdão e ter nossos corações limpos.

Quando as pessoas têm pouca fé, elas, muitas vezes, apoiam as soluções para suas doenças na medicina, mas quando sua fé cresce e elas passam a amar a Deus e viver segundo a Sua Palavra, a doença não mais as invade. Mesmo quando ficam doentes, quando elas olham para dentro de si mesmas, se arrependem do fundo de seus corações e se convertem de seus caminhos pecaminosos, são imediatamente curadas. Sei que muitos de vocês já tiveram experiências assim.

Há pouco tempo, um idoso em minha igreja foi diagnosticado com o disco rompido e, de uma hora para outra, ficou incapacitado de andar. Ele, contudo, não hesitou em olhar para sua vida, se arrependeu e recebeu uma oração minha. A obra de cura de Deus aconteceu na mesma hora e ele ficou bem de novo.

Quando sua filha estava sofrendo de pirexia, a mãe de uma criança percebeu que sua facilidade de se irritar tinha sido a razão do sofrimento dela e, quando ela se arrependeu de tal coisa, a criança ficou bem.

A fim de salvar toda a humanidade que, por causa da desobediência de Adão, estava em um caminho de destruição, Deus enviou Jesus Cristo a esse mundo e permitiu que Ele fosse amaldiçoado e crucificado em uma cruz de madeira em nosso lugar. É por isso que a Bíblia diz: *"De fato, segundo a Lei, quase todas as coisas são purificadas com sangue e, sem derramamento de sangue, não há perdão"* (Hebreus 9:22), e *"Cristo nos redimiu da maldição da Lei, quando se tornou maldição em nosso lugar, pois está escrito: 'Maldito todo aquele que for pendurado num madeiro'"* (Gálatas 3:13).

Agora que sabemos que o problema da doença tem origem no pecado, devemos nos arrepender de todos os nossos pecados e crer intensamente em Jesus Cristo, que nos redimiu de todas as nossas doenças e, por essa mesma fé, termos vidas saudáveis. Muitos irmãos hoje têm experimentado a cura, visto o poder de Deus e testemunhado o Deus vivo. Isso nos mostra que qualquer pessoa que aceitar Jesus Cristo e pedir as coisas em Seu nome, quando ela, em seu coração, crê Nele, que foi açoitado e derramou Seu sangue, obras maravilhosas de cura serão manifestadas.

A Fé Aperfeiçoada por Obras

Considerando que o paralítico foi curado com a ajuda de seus quatro amigos, depois que eles mostraram sua fé em Jesus, se queremos que os desejos dos nossos corações sejam satisfeitos, também devemos mostrar a Deus a nossa fé, acompanhada de obras, estabelecendo assim um fundamento de fé. A fim de ajudar os leitores a entender melhor a "fé", oferecerei uma breve explicação.

Na vida em Cristo, a "fé" pode ser dividida e explicada em duas categorias. A "fé carnal", ou "fé como conhecimento", se refere à fé pela qual uma pessoa pode acreditar por causa de evidências físicas e a Palavra corresponde ao seu conhecimento e pensamentos. Em contraste, a "fé espiritual" é o tipo de fé pela qual a pessoa acredita mesmo que não veja, e a Palavra não corresponde ao seu conhecimento e pensamentos.

Com a "fé carnal" a pessoa acredita que algo visível só pode ser criado de algo que também é visível. Com a "fé espiritual", a qual uma pessoa não pode ter, se ela alimentar seu próprio conhecimento e pensamentos, ela crê que algo visível pode ser criado de algo que é invisível. Para termos esse último tipo de fé, é necessário que destruamos nosso próprio conhecimento e pensamentos.

Desde o nascimento, uma quantidade incalculável de conhecimentos é armazenada no cérebro de uma pessoa. Várias coisas que ela vê, ouve, aprende em casa, na escola, nos lugares aonde vai, e nas condições em que vive, são registradas em sua mente. Contudo, uma vez que nem todo conhecimento registrado em nossa mente é verdadeiro, se alguma parte dele é contrária à Palavra de Deus, devemos naturalmente nos livrar de tal parte. Por exemplo, na escola uma pessoa aprende que todo ser vivo veio ou se desenvolveu de um organismo multicelular, mas na Bíblia ela aprende que todos os seres vivos foram criados segundo suas espécies por Deus. O que ela deve fazer? A falácia da teoria da evolução já foi exposta até pela própria ciência várias vezes. Como seria possível, mesmo com a razão humana, um macaco ter se desenvolvido em um ser humano e um sapo ter se desenvolvido em um pássaro em centenas de milhões de anos? Até a lógica em si favorece a criação.

Da mesma forma, quando a "fé carnal" se transforma em "fé espiritual", como nossas dúvidas são lançadas fora, nós passamos a ficar sobre a rocha da fé. Além disso, se professamos nossa fé em Deus, devemos colocar em prática a Palavra, que armazenamos como conhecimento. Se professamos crer em Deus, devemos ser luz, guardando santo o Dia do Senhor, amando nosso próximo e obedecendo `a Palavra da verdade.

Se o paralítico em Marcos 2 tivesse ficado em casa, ele não teria sido curado. Entretanto, como ele creu que seria curado, quando encontrasse Jesus, mostrou sua fé aplicando e utilizando-se de tudo que tinha à sua disposição, ele pôde receber a cura. Semelhantemente, se um indivíduo, querendo construir uma casa, só orar: "Senhor, eu creio que a casa será construída", cem ou mil vezes, nada acontecerá por conta própria. Ele precisa fazer a sua parte, preparando o alicerce, cavando o solo, colocando os pilares e o resto; isto é, "obras" são necessárias.

Se você, ou qualquer outra pessoa de sua família, está sofrendo de alguma doença, creia que Deus lhe dará Seu perdão e manifestará obras de cura, quando Ele vir sua família unida em amor – unidade, que Ele considera como fundamento de fé. Alguns dizem que, como há tempo para todas as coisas, também há tempo para a cura de uma pessoa. No entanto, lembre-se de que "tempo" é quando o homem estabelece o fundamento de sua fé diante de Deus.

Que você possa receber respostas aos seus pedidos de cura e de quaisquer outras coisas, glorificando a Deus. Em nome do nosso Senhor, eu oro!

Capítulo 5

Poder para Curar Enfermidades

Mateus 10:1

"Chamando seus doze discípulos, deu-lhes autoridade para expulsar espíritos imundos e curar todas as doenças e enfermidades".

Poder para Curar Doenças e Enfermidades

Há várias maneiras de testemunharmos do Deus vivo para não-crentes e a cura de doenças é uma delas. Quando pessoas com doenças sem cura ou em estado terminal, contra as quais qualquer recurso da medicina é inútil, são curadas, elas não conseguem mais negar o poder de Deus Criador, mas passam a crer e dar glórias a Deus.

Apesar de sua riqueza, autoridade, fama e conhecimento, muitas pessoas hoje são incapazes de resolver o problema da doença e se encontram em grande angústia. No entanto, mesmo quando um grande número de doenças não pode ser curada, mesmo com os maiores avanços da medicina, quando as pessoas creem no Deus Todo Poderoso, se apoiam Nele e entregam o problema da doença a Ele, todas as enfermidades incuráveis ou em estado terminal podem ser curadas. Nosso Deus é um Deus onipotente para Quem nada é impossível, cria as coisas do nada, faz uma vara seca brotar e produzir botões e flores (Números 17:8) e ressuscita mortos (João 11:17-44).

O poder do nosso Deus pode de fato curar qualquer doença e enfermidade. Em Mateus 4:23 vemos: *"Jesus foi por toda a Galileia, ensinando nas sinagogas deles, pregando as boas novas do Reino e curando todas as enfermidades e doenças entre o povo"* e em Mateus 8:17: lemos *"E assim se cumpriu o que fora dito pelo profeta Isaías: 'Ele tomou sobre si as nossas enfermidades e sobre si levou as nossas doenças'"*. Nessas passagens, "doenças" e "enfermidades" são mencionadas.

Aqui, "enfermidades" não se refere a algo relativamente leve como um resfriado ou cansaço. Trata-se de uma condição anormal na qual as funções do corpo da pessoa, das partes do corpo ou órgãos ficam paralisadas ou degeneradas devido a um acidente ou a um erro de seus pais ou da própria pessoa. Por exemplo, pessoas mudas, surdas, cegas, aleijadas ou que sofrem de paralisia infantil (também conhecida como pólio) e coisas do tipo – doenças que não podem ser curadas pelo conhecimento do homem – podem ser classificadas como "enfermidades". Além de condições causadas por acidentes ou erros dos pais ou próprio, como no caso do homem cego de nascença em João 9:1-3, há pessoas que sofrem alguma enfermidade, para que a glória de Deus possa ser manifestada. Contudo, tais casos são raros, já que a maioria das doenças são causadas pela ignorância e erros do homem.

Quando as pessoas se arrependem e aceitam Jesus Cristo, procurando crer em Deus, Ele lhes dá o Espírito Santo como um dom. Junto com o Espírito Santo, elas também recebem o direito de se tornar filhas de Deus. Quando o Espírito Santo está com elas, com exceção de casos muito sérios e severos, a maioria das doenças é curada. O próprio fato de elas terem recebido o Espírito Santo já permite que o fogo Dele desça sobre elas e queime suas feridas. Além disso, mesmo no caso em que a pessoa sofre de uma doença crítica, quando ela ora intensamente com fé, destrói a parede de pecado entre ela e Deus, se converte de seus caminhos pecaminosos e se arrepende, ela também recebe a cura, de acordo com sua fé.

"O fogo do Espírito Santo" se refere ao batismo de fogo que acontece depois que a pessoa recebe o Espírito e, aos olhos de Deus, é o Seu poder. Quando os olhos espirituais de João Batista foram abertos e viram, ele descreveu o fogo do Espírito Santo como o "batismo de fogo". Em Mateus 3:11, João Batista disse: *"Eu os batizo com água para arrependimento. Mas depois de mim vem alguém mais poderoso do que eu, tanto que não sou digno nem de levar as suas sandálias. Ele os batizará com o Espírito Santo e com fogo".* O batismo de fogo não vem a qualquer hora, mas quando a pessoa está cheia do Espírito Santo e, uma vez que o fogo do Espírito Santo sempre desce sobre a pessoa que está cheia Dele, todos os seus pecados e doenças são queimados e ela passa a ter uma vida saudável.

Quando o batismo de fogo queima a maldição da doença, a maioria das doenças é curada. Enfermidades, no entanto, não podem ser queimadas nem com o batismo de fogo. Como, então, as enfermidades podem ser curadas?

Todas as enfermidades podem ser curadas apenas pelo poder dado por Deus. É por isso que encontramos em João 9:32-33: *"Ninguém jamais ouviu que os olhos de um cego de nascença tivessem sido abertos. Se esse homem não fosse de Deus, não poderia fazer coisa alguma".*

Em Atos 3:1-10, há uma cena onde Pedro e João, que tinham ambos recebido o poder de Deus, ajudam um paralítico de nascença, que mendigava em uma porta do templo chamada Formosa, a se levantar. Quando Pedro lhe disse no versículo 6: *"Não tenho prata nem ouro, mas o que tenho, isto lhe dou. Em nome de Jesus Cristo, o Nazareno, ande"* e segurou-o pela mão direita. Instantaneamente os pés e tornozelos do homem se fortaleceram e ele começou a louvar a Deus. Quando as pessoas viram o homem, que antes era paralítico, andando e louvando a Deus, ficaram totalmente maravilhados.

Se uma pessoa deseja ser curada, ela deve possuir a fé através da qual ela crê em Jesus Cristo. Embora o paralítico fosse apenas um mendigo, como ele acreditava em Jesus Cristo, ele pôde receber a cura, quando aqueles que haviam recebido o poder de Deus oraram por ele. É por isso que as Escrituras nos dizem: *"Pela fé no nome de Jesus, o Nome curou este homem que vocês veem e conhecem. A fé que vem por meio dele lhe deu esta saúde perfeita, como todos podem ver"* (Atos 3:16).

Em Mateus 10:1, vemos que Jesus deu aos Seus discípulos poder sobre espíritos imundos, para expulsá-los e para curar todo tipo de doença. Nos tempos do Velho Testamento, Deus deu poder para curar enfermidades aos seus amados profetas, incluindo Moisés, Elias e Eliseu; e nos tempos do Novo Testamento, o poder de Deus estava com apóstolos como Pedro, Paulo e obreiros fiéis como Estêvão e Filipe.

Quando alguém recebe o poder de Deus, nada lhe é impossível, pois ele pode ajudar pessoas incapazes de andar, curar aquelas que sofrem de paralisia infantil e fazê-las andar novamente, fazer o cego enxergar, abrir os ouvidos do surdo, soltar a língua dos surdos-mudos.

Várias Maneiras de Curar Enfermidades

1. O Poder de Deus Curou um Surdo-Mudo

Em Marcos 7:31-37 há uma ocasião na qual o poder de Deus cura um homem surdo-mudo. Quando as pessoas o levaram para Jesus e Lhe imploraram que colocasse Sua mão sobre ele, Jesus levou-o à parte, para longe da multidão, pôs Seus dedos sobre as orelhas do homem e, em seguida, cuspiu e tocou em sua língua. Ele olhou para o céu e com um profundo suspiro disse-lhe: 'Efatá!' (que quer dizer 'Seja curado'!). Imediatamente, os ouvidos dele se abriram, sua língua se soltou e ele começou a falar corretamente.

Mas será que Deus, que criou todas as coisas no universo pela Sua Palavra, não poderia ter curado aquele homem também pela Sua Palavra? Por que Jesus pôs Seus dedos sobre os ouvidos dele? Uma vez que uma pessoa surda não pode ouvir e se comunica com a linguagem de sinais, aquele homem não teria conseguido ter fé da mesma maneira que os outros, mesmo se Jesus tivesse falado alguma coisa. Como Jesus sabia que o homem precisava de fé, Ele colocou Seu dedo sobre seus ouvidos para que, através do toque, ele conseguisse ter a fé pela qual ele poderia ser curado.

A coisa mais importante é a fé, por meio da qual acreditamos que podemos ser curados. Jesus não poderia ter curado o homem pela Sua Palavra, mas como ele não conseguia escutar nada, Ele plantou fé em seu ser e fez com que ele recebesse a cura por esse método.

Então, por que Jesus cuspiu e tocou na língua daquele homem? O fato de Jesus ter cuspido nos mostra que era um espírito maligno que havia feito com que ele fosse mudo. Se alguém cuspisse em seu rosto, sem nenhuma razão em particular, como você aceitaria tal coisa? Trata-se de um ato imoral, que lesa e desconsidera aquilo que se cospe. Uma vez que cuspir simboliza desrespeito e desprezo, Jesus também cuspiu para expulsar um espírito maligno.

Em Gênesis, vemos que Deus amaldiçoou a serpente, condenando-a a comer pó durante todos os seus dias de vida. Isso, em outras palavras, se refere à maldição de Deus sobre Satanás, que havia instigado a serpente, de caçar o homem, que é feito do pó. Portanto, desde os tempos de Adão, o diabo tem feito de tudo para fazer o homem cair em suas armadilhas, procurando qualquer oportunidade para atormentá-lo e devorá-lo. Assim como moscas, mosquitos e larvas habitam em lugares nojentos, o inimigo habita em pessoas cujos corações são cheios de pecado, maldade, facilidade de irritação, e toma posse de suas mentes. Precisamos entender, pois, que somente aqueles que vivem e agem de acordo com a Palavra de Deus é que podem ser curados de suas doenças.

2. O Poder de Deus Curou um Homem Cego

Em Marcos 8:22-25, encontramos o seguinte:

"Eles foram para Betsaida, e algumas pessoas trouxeram um cego a Jesus, suplicando-lhe que tocasse nele. Ele tomou o cego pela mão e o levou para fora do povoado. Depois de cuspir nos olhos do homem e impor-lhe as mãos, Jesus perguntou: 'Você está vendo alguma coisa?' Ele levantou os olhos e disse: 'Vejo pessoas; elas parecem árvores andando'. Mais uma vez, Jesus colocou as mãos sobre os olhos do homem. Então seus olhos foram abertos, e sua vista lhe foi restaurada, e ele via tudo claramente".

Quando Jesus orou por esse homem cego, Ele cuspiu em seus olhos. Então, por que esse homem não voltou a ver da primeira vez que Jesus orou por ele, mas só depois da segunda vez? Com o Seu poder, Jesus poderia tê-lo curado completamente, mas como esse cego tinha uma fé pequena, Jesus orou pela segunda vez e ajudou-o a ter fé. Com isso, Jesus nos ensina que quando algumas pessoas não são curadas da primeira vez que recebem oração, devemos orar por elas duas, três ou mesmo quatro vezes, até que uma semente de fé, pela qual elas possam vir a crer em sua cura, pode ser plantada.

Jesus, para Quem nada é impossível, orou e orou novamente,

já que sabia que aquele cego não poderia ser curado pela sua fé. O que nós devemos fazer? Com mais oração e súplica, devemos persistir até sermos curados.

Em João 9:6-9 há um homem cego de nascença, que foi curado depois que Jesus cuspiu no chão, fez barro com Sua saliva e pôs lama em seus olhos. Por que Jesus o curou, cuspindo no chão, fazendo barro com saliva e colocando-o sobre os olhos daquele homem? A saliva aqui não se refere a algo impuro; Jesus cuspiu no chão para que Ele pudesse fazer barro e colocá-lo sobre os olhos do homem; e isso porque a água estava escassa. Quando lidando com bolhas ou inchaços causados por picadas de insetos, muitos pais, carinhosamente, põem sua própria saliva no lugar. Temos de compreender o amor do nosso Senhor, que usou várias formas para ajudar os fracos a possuírem fé.

Ao colocar lama nos olhos daquele cego, ele pôde sentir a sua fé, através da qual ele seria curado, surgir.

A fé que ele tinha antes disso era pequena, mas depois que Jesus lhe deu mais fé, pelo Seu poder Ele abriu os seus olhos.

Jesus nos diz: *"Se vocês não virem sinais e maravilhas, nunca crerão"* (João 4:48). Hoje, é impossível ajudar as pessoas a terem o tipo de fé através da qual elas podem ser curadas a não ser pela Palavra de Deus, sem testemunhar milagres de cura e maravilhas. Em uma era onde a ciência e o conhecimento humano têm aumentado assustadoramente, é extremamente difícil possuir a fé espiritual para acreditar em um Deus invisível. "Ver é crer", é o que ouvimos frequentemente. Por outro lado, como a fé das pessoas cresce e obras de cura acontecem cada vez mais rapidamente, quando elas veem evidências tangíveis de Deus, "sinais miraculosos e maravilhas" passam a ser, sem nenhum resquício de dúvida, necessários.

3. O Poder de Deus Curou um Paralítico

Enquanto Jesus pregava as Boas Novas e curava pessoas que sofriam de diversas doenças e enfermidades, Seus discípulos também manifestavam o poder de Deus.

Quando Pedro ordenou ao mendigo paralítico: *"Em nome de Jesus Cristo, o Nazareno, ande"* (v. 6) e levantou-o pelo braço direito, os pés e tornozelos daquele homem se fortaleceram imediatamente e ele saltou e começou a andar (Atos 3:6-10). Ao ver os sinais miraculosos e maravilhas que Pedro manifestava, depois de ter recebido o poder de Deus, mais e mais pessoas passavam a crer no Senhor. Começaram até a levar os doentes à rua e os colocava em camas e macas, para que pelo menos a sombra de Pedro se projetasse sobre alguns, enquanto ele passava. *"Afluíam também multidões das cidades próximas a Jerusalém, trazendo seus doentes e os que eram atormentados por espíritos imundos; e todos eram curados"* (Atos 5:14-16).

Em Atos 8:5-8 encontramos:

> *"Indo Filipe para uma cidade de Samaria, ali lhes anunciava o Cristo. Quando a multidão ouviu Filipe e*

viu os sinais miraculosos que ele realizava, deu unânime atenção ao que ele dizia. Os espíritos imundos saíam de muitos, dando gritos, e muitos paralíticos e mancos foram curados. Assim, houve grande alegria naquela cidade".

Em Atos 14:8-12, lemos sobre um aleijado dos pés, que desde o nascimento nunca havia andado. Depois que ele ouviu a mensagem de Paulo e teve a fé pela qual ele poderia receber a salvação, quando Paulo ordenou: *"Levante-se! Fique em pé!"* (v. 10), na mesma hora ele saltou e começou a caminhar. Aqueles que viram esse incidente disseram que os deuses haviam descido até eles em forma humana.

Em Atos 19:11-12, vemos que *"Deus fazia milagres extraordinários por meio de Paulo, de modo que até lenços e aventais que Paulo usava eram levados e colocados sobre os enfermos. Estes eram curados de suas doenças e os espíritos malignos saíam deles."* Você consegue imaginar como o poder de Deus é supremo e maravilhoso?

Através de pessoas, cujos corações alcançaram a santificação e o amor completo como o de Pedro, Paulo, o Diácono Filipe e Estêvão, o poder de Deus é manifestado nos dias de hoje. Quando as pessoas vão para diante de Deus com fé, desejando ter suas enfermidades curadas, elas podem ser curadas, recebendo oração de servos de Deus usados por Ele.

Desde a fundação da Manmin, o Deus vivo tem me permitido manifestar uma variedade de sinais miraculosos e maravilhas, tem plantado fé nos corações dos membros da igreja e trazido grande avivamento.

Certa vez, havia uma mulher que tinha sido vítima do abuso de seu marido alcoólatra. Quando seus nervos ópticos ficaram paralisados e os médicos haviam desistido dela, depois de sérias lesões corporais, a mulher foi à Manmin, depois de ouvir falar sobre ela. Como ela participava dos cultos diligentemente e orava intensamente por sua cura, ela recebeu uma oração minha e pôde enxergar novamente. O poder de Deus havia consertado completamente seus nervos ópticos, que antes pareciam eternamente perdidos.

Em uma outra ocasião, havia um homem que estava ferido seriamente e tinha oito lugares fraturados em sua coluna vertebral. Como seus membros inferiores haviam ficado paralisados, ele estava prestes a ter suas duas pernas amputadas. Depois de aceitar Jesus Cristo, ele não precisou mais amputá-las, mas ainda utilizava muletas. Ele então começou a ir aos encontros de oração no Centro de Oração Manmin e, pouco depois da vigília de sexta, depois de receber uma oração minha, ele deixou suas muletas de lado e passou a andar sobre seus dois pés. Desde então ele se tornou um mensageiro do evangelho.

O poder de Deus pode curar completamente enfermidades que a medicina não consegue. Em João 16:23, Jesus nos promete: *"Naquele dia vocês não me perguntarão mais nada. Eu lhes asseguro que meu Pai lhes dará tudo o que pedirem em meu nome ".*

Que você possa crer no incrível poder de Deus, procurar intensamente por ele, receber respostas para todos os seus problemas de doenças e se tornar um mensageiro, que leva as Boas Novas do Deus Vivo e Todo Poderoso. Em nome do nosso Senhor, eu oro!

Capítulo 6

Formas de Curar Endemoniados

Marcos 9:28-29

"Depois de Jesus ter entrado em casa, seus discípulos lhe perguntaram em particular: 'Por que não conseguimos expulsá-lo?' Ele respondeu: 'Essa espécie só sai pela oração e pelo jejum'".

Nos Últimos Dias o Amor se Esfriará

O avanço da civilização moderna científica e o desenvolvimento da indústria trouxeram vários recursos para a prosperidade, fazendo com que as pessoas buscassem sempre mais conforto e benefícios. Ao mesmo tempo, esses dois fatores resultaram em alienação, egoísmo em excesso, traições e um complexo de inferioridade entre as pessoas, já que o amor diminui, uma vez que o perdão e a compreensão se tornam cada vez mais raros.

Como Mateus 24:12 predisse: *"Devido ao aumento da maldade, o amor de muitos esfriará"*. Em tempos onde a maldade prevalece e o amor se esfria, um dos problemas mais sérios de nossa sociedade hoje é o crescente número de pessoas sofrendo de doenças mentais como colapsos nervosos, esquizofrenia.

Instituições mentais isolam muitos pacientes que são incapazes de viver normalmente, mas ainda não encontraram a cura para eles. Se não há nenhum progresso depois de anos de tratamento, as famílias se cansam e, em muitos casos, passam a ignorar e abandonar tais pacientes como órfãos. Esses pacientes, morando longe de casa e sem família, não conseguem viver da forma que pessoas normais o fazem. Embora precisem de amor verdadeiro das pessoas a quem amam, são poucas as pessoas que mostram seu amor a esses indivíduos.

Na Bíblia, encontramos várias ocasiões em que Jesus curou

pessoas endemoniadas. Por que elas foram registradas nas Escrituras? Como o fim dos tempos está próximo, o amor tem esfriado e Satanás tem atormentado as pessoas, fazendo-as sofrer de problemas mentais, adotando-as como filhas do diabo. O inimigo atormenta, coloca doenças, confunde e mancha as mentes das pessoas com pecado e maldade; e como a sociedade está mergulhada em pecado e maldade, as pessoas são rápidas para invejar, brigar, odiar e assassinar umas às outras. Como o fim dos tempos está chegando, os cristãos devem ser capazes de distinguir a verdade da inverdade, guardar e manter sua fé e ter vidas física e mentalmente saudáveis.

Examinemos a causa por trás da instigação e tormento de Satanás e por que o número de pessoas endemoniadas e que sofrem de problemas mentais em nossa sociedade moderna, onde a civilização cientifica tem mostrado grandes avanços, tem só aumentado.

O Processo de se Tornar Possuído por Satanás

Todas as pessoas possuem uma consciência e a maioria se comporta e vive segundo as suas. Porém, o padrão de consciência e suas consequências se diferem de pessoa para pessoa. Cada pessoa nasceu e cresceu em ambientes e condições diferentes, ouviu, viu e aprendeu coisas diferentes dos pais, escola, casa, etc. e registrou diferentes informações em seu ser.

Por um lado, a Palavra de Deus, que é a verdade, nos diz: *"Não se deixem vencer pelo mal, mas vençam o mal com o bem"* (Romanos 12:21), e nos chama para: *"Não resistam ao perverso. Se alguém o ferir na face direita, ofereça-lhe também a outra"* (Mateus 5:39). Uma vez que a Palavra nos ensina a amar e a perdoar, o padrão de julgamento "Perder é vencer" se desenvolve naqueles que creem Nela. Por outro lado, se uma pessoa aprendeu que ela deve retaliar, quando é atingida, ela alcançará o julgamento que dita que, resistir é uma atitude de coragem, enquanto evitar as coisas sem resisti-las é covardia. Três fatores – o padrão de julgamento de cada indivíduo – se ele viveu uma vida de justiça ou injustiça e o quanto é compromissado com o mundo – formam diferentes consciências em diferentes pessoas.

Como as pessoas levam diferentes vidas e possuem, portanto, diferentes consciências, o inimigo de Deus, Satanás, usa isso para tentar as pessoas a viver de acordo com sua natureza pecaminosa, contrária à justiça e à bondade, colocando nelas pensamentos maus e instigando-as a pecar.

No coração das pessoas há um conflito entre o desejo do Espírito Santo, pelo qual elas podem viver pela lei de Deus, e o desejo da natureza pecaminosa, através da qual elas são compelidas a satisfazer seus desejos carnais. É por isso que Deus nos diz em Gálatas 5:16-17: *"Por isso digo: Vivam pelo Espírito, e de modo nenhum satisfarão os desejos da carne. Pois a carne deseja o que é contrário ao Espírito; e o Espírito, o que é contrário à carne. Eles estão em conflito um com o outro, de modo que vocês não fazem o que desejam".*

Se vivermos pelos desejos do Espírito Santo, herdaremos o reino de Deus; se seguirmos os desejos da natureza pecaminosa e não vivermos pela Palavra de Deus, não herdaremos Seu reino. É por isso que Deus nos advertiu como vemos em Gálatas 5:19-21:

> *"Ora, as obras da carne são manifestadas: imoralidade sexual, impureza e libertinagem; idolatria e feitiçaria; ódio, discórdia, ciúmes, ira, egoísmo, dissensões, facções e inveja; embriaguez, orgias e coisas semelhantes. Eu os advirto, como antes já os adverti: Aqueles que praticam essas coisas não herdarão o Reino de Deus".*

Como, então, as pessoas ficam possessas por demônios?

Através dos pensamentos, Satanás lança desejos da natureza pecaminosa sobre o indivíduo, cujo coração está cheio da natureza pecaminosa. Se esse indivíduo não consegue controlar sua mente e age de acordo com essa natureza, uma sensação de culpa vem sobre ele e seu coração fica cada vez mais cheio de maldade. Quando as atitudes da natureza pecaminosa se somam, no fim, a pessoa não consegue mais se controlar e passa a fazer o que quer que Satanás o instiga a fazer. Tal indivíduo então é considerado como "possuído" por Satanás.

Por exemplo, vejamos um homem preguiçoso, que não gosta de trabalhar, mas prefere beber e desperdiçar seu tempo. No caso de tal indivíduo, Satanás o instigará e controlará sua mente, fazendo-o tornar-se um alcoólatra e desperdiçar seu tempo, pensando que trabalhar é algo pesado. Satanás também o afastará da bondade, que é a verdade, roubará sua energia e fará dele um incompetente e inútil.

Como ele vive e se comporta segundo os desejos de Satanás, esse homem é incapaz de escapar dele. Além disso, como seu coração fica cada vez mais cheio de maldade e ele já se entregou aos pensamentos malignos, ao invés de controlar seu coração, ele faz tudo que agrada o inimigo. Se ele quer ficar com raiva, ele fica para sua satisfação; se quer brigar ou discutir, ele briga e discute o tanto que quer; e se quer beber, ele não consegue parar. Quando essas coisas se acumulam, chega a um ponto em que o homem não consegue mais controlar seus pensamentos e coração e acha que todas as coisas estão contrárias à sua vontade. Depois desse processo, ele fica endemoniado.

A Causa da Possessão Demoníaca

Há duas razões principais para que uma pessoa seja instigada por Satanás e depois seja possuída por demônios.

1. Os Pais

Se os pais da pessoa abandonaram Deus, adoraram a ídolos que Deus detesta e acha abominável e fizeram alguma coisa extraordinariamente maligna, então, as forças de espíritos malignos infiltram em seus filhos e, se não são "checados", acabam endemoniados. Nesse caso, os pais devem ir para diante de Deus, arrepender-se profundamente de seus pecados, converter-se de seus caminhos pecaminosos e implorar a Deus, em nome de seus filhos. Deus então vê o mais profundo do coração dos pais e manifesta a obra da cura, libertando-os, assim, das correntes da injustiça.

2. A Própria Pessoa

Independente dos pecados dos pais, uma pessoa pode ficar endemoniada por causa de suas próprias inverdades, incluindo maldade, orgulho e coisas do tipo. Uma vez que o indivíduo não consegue orar e se arrepender por conta própria, quando ele recebe oração de um servo de Deus, que manifesta Seu poder, as cadeias da injustiça podem ser quebradas. Quando os demônios são expulsos e a pessoa volta aos seus sentidos, é preciso que lhe ensinem a Palavra de Deus, para que o seu coração, que antes estava mergulhado no pecado e maldade, seja limpo e se torne um coração cheio da verdade.

Logo, se um de seus familiares está endemoniado, a família

tem de designar alguém para orar em nome da pessoa, pois o coração e a mente de quem está possuído estão sendo controlados por demônios e, por isso, a pessoa não consegue fazer nada por conta própria. Ela não consegue nem orar, nem ouvir a Palavra da verdade e, obviamente, não consegue viver pela verdade. Portanto, a família inteira, ou pelo menos apenas uma pessoa da família, deve orar pelo endemoniado com amor e compaixão, para que ele possa viver na fé. Quando Deus vê a devoção e o amor em tal família, Ele revela Sua obra de cura. Jesus nos disse para amarmos o nosso próximo como a nós mesmos (Lucas 10:27). Se não conseguimos orar e nos devotar por um membro de nossa própria família, que está endemoniado, como poderemos amar nossos próximos?

Quando a família e os amigos de uma pessoa, que está possessa por demônios, determinam a causa, se arrependem, oram com fé no poder de Deus, se devotam em amor e plantam a semente da fé, as forças dos demônios são expulsas e a pessoa a quem amam é transformada em um homem ou mulher cheio de verdade, a quem Deus protege do inimigo.

Formas de Curar Endemoniados

Em muitas partes da Bíblia encontramos relatos de cura de pessoas possuídas por demônios. Examinemos como elas receberam a cura.

1. Você Deve Resistir às Forças dos Demônios

Em Marcos 5:1-20, encontramos um homem que estava possuído por um espírito imundo. Os versículos 3 e 4 o descrevem dizendo: *"Esse homem vivia nos sepulcros, e ninguém conseguia prendê-lo, nem mesmo com correntes; pois muitas vezes lhe haviam sido acorrentados pés e mãos, mas ele arrebentara as correntes e quebrara os ferros de seus pés. Ninguém era suficientemente forte para dominá-lo"*.

Depois, os versículos 5-7 dizem: *"Noite e dia ele andava gritando e cortando-se com pedras entre os sepulcros e nas colinas. Quando ele viu Jesus de longe, correu e prostrou-se diante dele e gritou em alta voz: 'Que queres comigo, Jesus, Filho do Deus Altíssimo? Rogo-te por Deus que não me atormentes!'"*

Isso foi a resposta à ordem que Jesus havia dado: "Saia deste homem, espírito imundo!" Esse acontecimento nos mostra que, mesmo as pessoas que não sabem que Jesus é o Filho de Deus e que tipo de poder Ele tem, os espíritos imundos o sabem perfeitamente.

Jesus então perguntou: "Qual é o seu nome?" e o endemoniado respondeu: "Meu nome é Legião, porque somos muitos". Ele implorou a Jesus que não o mandasse para fora daquela região, mas o mandasse para uma manada de porcos. Jesus não perguntou o nome dele porque Ele não sabia, mas perguntou como um juiz interrogando um espírito imundo.

Além do mais, "Legião" significa que uma grande quantidade de demônios estava se hospedando naquele homem.

Jesus lhes deu a permissão e "Legião" entrou na manada de porcos que, por sua vez, atirou-se ao precipício em direção ao mar e se afogou. Quando expulsamos demônios, devemos fazê-lo de acordo com a Palavra da verdade, que é simbolizada pela água. Quando as pessoas viram aquele homem, que não podia ser contido pelo poder humano, completamente curado, sentado ali, vestido e em perfeito juízo, ficaram com medo.

Como devemos expulsar demônios hoje? Eles devem ser expulsos no nome de Jesus Cristo, para a água, que simboliza a Palavra, ou para o fogo, que simboliza o Espírito Santo, para que eles possam perder seu poder. Contudo, como demônios são seres espirituais, eles são expulsos quando uma pessoa com poder, para expulsar demônios, orar. Quando um indivíduo sem fé tenta expulsá-los, eles o menosprezam ou zombam dele. Assim, a fim de curar alguém que está possesso, um homem de Deus, com o poder de expulsá-los, deve orar por tal pessoa.

Entretanto, ocasionalmente, demônios não são expulsos mesmo quando um homem de Deus os ordena sair, em nome de Jesus Cristo. Isso acontece porque o indivíduo possesso por demônios blasfemou ou falou contra o Espírito Santo (Mateus 12:31; Lucas 12:10). A cura não pode ser manifestada para pessoas endemoniadas, que continuam pecando deliberadamente depois de terem recebido o conhecimento da verdade (Hebreus 10:26).

Além disso, em Hebreus 6:4-6 encontramos: *"Ora, para*

aqueles que uma vez foram iluminados, provaram o dom celestial, tornaram-se participantes do Espírito Santo, experimentaram a bondade da palavra de Deus e os poderes da era que há de vir, e caíram, é impossível que sejam reconduzidos ao arrependimento; pois para si mesmos estão crucificando de novo o Filho de Deus, sujeitando-o à desonra pública".

Agora que aprendemos sobre isso, devemos nos guardar, para que nunca cometamos pecados para os quais não poderíamos receber perdão. Devemos também distinguir verdadeiramente se uma pessoa endemoniada pode ou não ser curada através da oração.

2. Arme-se com a Verdade

Uma vez tendo demônios expulsos de sua vida, as pessoas devem encher seus corações com vida e verdade, lendo diligentemente a Palavra de Deus, louvando e orando; pois se elas continuam vivendo em pecado, sem se armar com a verdade, os demônios expulsos voltam e, desta vez, acompanhados por demônios ainda piores. Lembre-se de que a condição dessas pessoas, caso os demônios voltem, será bem pior que a primeira vez que espíritos malignos a possuíram.

Em Mateus 12:43-45, Jesus nos diz o seguinte:

"Quando um espírito imundo sai de um homem, passa

*por lugares áridos procurando descanso. Como não
os encontram, diz: 'Voltarei para a casa de onde saí'.
Chegando, encontra a casa desocupada, varrida e em
ordem. Então vai e traz consigo outros sete espíritos
piores do que ele, e, entrando, passam a viver ali. E
o estado final daquele homem torna-se pior do que o
primeiro. Assim acontecerá a esta geração perversa".*

Demônios não devem ser expulsos de qualquer maneira. É
importante que saibamos também que, depois que demônios são
expulsos, os amigos e a família da pessoa, que estava possuída,
devem entender que ela agora requer cuidado com mais amor do
que antes. Eles devem cuidar dela em devoção e, em sacrifício,
armá-la com a verdade até que ela seja curada completamente.

Tudo é Possível Ao que Crê

Em Marcos 9:17-27 há um relato onde Jesus, ao ver a fé de
seu pai, cura um filho possuído por um espírito que o havia
tirado a fala e o fizera epiléptico. Examinemos brevemente como
o filho recebeu a cura.

1. A Família Deve Mostrar Sua Fé

Um filho, em Marcos 9, era surdo e mudo desde a infância

porque era possesso. Ele não conseguia entender nenhuma palavra e era impossível estabelecer alguma comunicação com ele. Além de surdo-mudo, era também epiléptico e era difícil saber quando os sintomas da epilepsia viriam. Seu pai, portanto, sempre viveu com medo e agonia, com todas as esperanças perdidas.

Até que o pai ouviu falar de um homem da Galileia, que estava fazendo milagres, ressuscitando os mortos e curando várias doenças. Uma ponta de esperança começou a surgir em meio ao seu desespero. Se o que ele ouvira fosse verdade, esse homem da Galileia poderia curar seu filho. Desse modo, esperançoso, o pai levou seu filho diante de Jesus e Lhe disse: *"Mas, se podes fazer alguma coisa, tem compaixão de nós e ajuda-nos"* (Marcos 9:22).

Ao ouvir aquele pedido, Jesus disse: "Se podes? Tudo é possível àquele que crê", e repreendeu-o por sua pequena fé. O pai havia ouvido falar de Jesus, mas não havia crido em seu coração. Se o pai estivesse ciente de que Jesus, como o Filho de Deus, era Todo Poderoso e a verdade em Si, ele não teria falado "Se". A fim, pois, de nos ensinar que é impossível agradar a Deus e receber respostas sem a fé completa, através da qual conseguimos crer, Jesus disse: "Se podes?", repreendendo o pai por sua pouca fé.

A fé em geral pode ser dividida em dois tipos. Com a "fé carnal" ou "fé como conhecimento", a pessoa consegue acreditar no que vê; mas o tipo de fé, pela qual a pessoa consegue crer sem ver, é a "fé espiritual", a "fé verdadeira", a "fé viva" ou a "fé acompanhada por obras". Este tipo de fé pode criar algo do nada. A definição de "fé", segundo a Bíblia, é *"a certeza daquilo que esperamos e a prova das coisas que não vemos"* (Hebreus 11:1).

Quando as pessoas sofrem de doenças que podem ser curadas pelo homem, elas podem ser curadas, enquanto suas doenças são queimadas pelo fogo do Espírito Santo, quando mostram sua fé e são cheias Dele. Se um recém-convertido fica doente, ele pode ser curado, quando abre seu coração, ouve a Palavra e mostra sua fé. Se um cristão maduro na fé fica doente, ele pode ser curando, quando se converte de seus caminhos pecaminosos em profundo arrependimento.

Quando as pessoas sofrem de doenças que não podem ser curadas pela medicina, elas devem mostrar uma fé do tamanho da impossibilidade de serem humanamente curadas. Se um cristão maduro na fé fica doente, ele pode ser curado, quando abre seu coração, se arrepende, rendendo seu coração e oferece intensas orações. Se alguém, com pouca fé, fica doente, esta pessoa não é curada, enquanto não receber fé – a cura é manifestada de acordo com o crescimento de sua fé.

Deficientes físicos, cujos corpos possuem alguma deformação e com doenças hereditárias só podem ser curados com os milagres de Deus. Logo, essas pessoas devem mostrar dedicação e fé a Ele, através da qual elas podem amá-Lo e agradá-Lo. Só então Deus reconhece sua fé e manifesta a cura. Quando as pessoas demonstram uma fé ardente em Deus – assim como Bartimeu clamou intensamente por Jesus (Marcos 10:46-52), o centurião demonstrou sua grande fé (Mateus 8:5-13) e o paralítico e seus quatro amigos mostraram sua fé e dedicação (Marcos 2:3-12) – Deus as cura.

Semelhantemente, uma vez que as pessoas que estão possessas por demônios não podem ser curadas sem a obra de Deus e são incapazes de mostrar sua fé, a fim de que elas recebam a cura dos céus, outros membros da família têm de crer no Deus Todo Poderoso e ir para diante Dele.

2. As Pessoas Têm de Possuir a Fé, Através da Qual Elas Podem Crer

O pai, cujo filho havia estado possesso por muito tempo, foi inicialmente repreendido por Jesus, devido à sua pequena fé. Quando Jesus disse ao homem com certeza: *"Tudo é possível àquele que crê"* (Marcos 9:23), seus lábios confessaram algo positivo: "Eu creio". No entanto, sua crença estava limitada ao seu conhecimento, e foi por isso que ele implorou a Jesus dizendo: *"ajuda-me a vencer a minha incredulidade!"* (Marcos 9:24) Ao ouvir o pedido daquele pai, cujo coração era sincero, o clamor era intenso e havia um pouco de fé, Jesus lhe deu a fé através da qual ele poderia crer.

Da mesma maneira, ao clamarmos a Deus, podemos receber a fé pela qual podemos crer e, com esse tipo de fé, podemos receber as respostas para os nossos problemas e o "impossível" se torna "possível".

Depois que aquele pai passou a ter a fé para crer, quando Jesus ordenou: *"Quando Jesus viu que uma multidão estava se ajuntando, repreendeu o espírito imundo, dizendo: 'Espírito mudo e surdo, eu ordeno que o deixe e nunca mais entre nele'. O espírito gritou, agitou-o violentamente e saiu. O menino ficou como morto, ao ponto de muitos dizerem: 'Ele morreu'. Mas Jesus tomou-o pela mão e o levantou, e ele ficou em pé"* (Marcos 9:25-27). Como os lábios do pai imploraram pela fé para crer e ele desejou a intervenção de Deus – mesmo depois de Jesus tê-lo repreendido – Jesus manifestou uma incrível obra de cura.

Se Jesus respondeu e curou completamente o filho daquele homem, que era possesso por um espírito, que lhe havia roubado a fala e sofria de epilepsia tendo convulsões, ficando com a boca espumando, rangendo os dentes, entre outros sintomas, não responderá àqueles que creem no poder de Deus, através do qual todas as coisas são possíveis e vivem segundo a Sua Palavra? Será que Deus não faria tudo ir bem e não daria vidas saudáveis para essas pessoas?

Pouco tempo depois da fundação da Manmin, um jovem rapaz da província de Gang-won visitou nossa igreja, depois que ouvira falar dela. Ele achava que estava servindo a Deus fielmente como um professor de escola dominical e um membro do coral. Entretanto, como ele era extremamente orgulhoso e não havia se despojado da maldade de seu coração, mas acumulado pecado sobre pecado, ele começou a sofrer depois que um demônio entrou em seu sujo coração e passou a habitar ali. A obra de cura foi manifestada por causa da oração intensa e dedicação de seu pai. Ao identificar aquele espírito imundo e expulsá-lo pela oração, a boca do rapaz espumou, ele sacudiu as costas e exalou um cheiro terrível. A partir de então, à medida que se armava com a verdade na Manmin, sua vida foi renovada. Hoje ele serve fielmente sua igreja em Gang-won e glorifica a Deus, testemunhando sobre sua cura a inúmeras pessoas.

Que você possa entender que não há limites para as obras de Deus e que, através delas, tudo é possível; para que, quando você buscar as coisas em oração, você não se torne apenas um filho abençoado de Deus, mas também se torne Seu querido santo, para quem todas as coisas sempre estão bem. Em nome do nosso Senhor, eu oro!

Capítulo 7

A Fé e Obediência de Naamã, o Leproso

2 Reis 5:9-10, 14

"Então Naamã foi com seus cavalos e carros e parou à porta da casa de Eliseu. Eliseu enviou um mensageiro para lhe dizer: 'Vá e lave-se sete vezes no rio Jordão; sua pele será restaurada e você ficará purificado'. Assim ele desceu ao Jordão, mergulhou sete vezes conforme a ordem do homem de Deus e foi purificado; sua pele tornou-se como a de uma criança".

General Naamã, o Leproso

No decorrer das nossas vidas encontramos problemas grandes e pequenos. Às vezes, enfrentamos problemas, cujas soluções estão além da capacidade humana.

Em um país chamado Síria, ao norte de Israel, havia um comandante de exército chamado Naamã. Ele havia levado o exército da Síria à vitória, quando esta passava por um momento muito crítico. Naamã amava seu país e servia fielmente ao seu rei. Entretanto, apesar da grande consideração que o rei tinha por Naamã, este se encontrava angustiado por causa de algo secreto, que ninguém mais sabia.

Qual era a razão de sua angústia? Naamã andava angustiado não porque lhe faltava riqueza ou fama; mas se afligia e não tinha mais alegria de viver, porque tinha lepra, uma doença incurável para a medicina daquela época.

Nos tempos de Naamã, leprosos eram considerados impuros. Eram obrigados a viver em isolamento, fora dos limites da cidade. O sofrimento de Naamã se tornava ainda mais insuportável, porque, além da dor, havia outros problemas que acompanhavam a doença. Os sintomas da lepra incluíam manchas na pele, especialmente no rosto, braços, pernas e peito dos pés; e a degeneração dos sentidos. Em casos severos, sobrancelhas e unhas caíam e a aparência da pessoa era de assustar.

Até que um dia Naamã, que tinha uma doença incurável e já não conseguia encontrar alegria na vida, ouviu uma boa notícia.

Segundo uma jovem garota que estava cativa em Israel e servia sua esposa, havia um profeta em Samaria, que poderia curar sua lepra. Como não havia nada que ele deixasse de fazer para ser curado, Naamã contou ao rei a respeito de sua doença e sobre o que tinha ouvido de sua serva. Ao ouvir que seu fiel general seria curado, se ele fosse até Samaria e encontrasse o profeta, o rei ajudou-o prontamente e escreveu até uma carta ao rei de Israel, apresentando Naamã.

O comandante então foi para Israel com trezentos e cinquenta quilos de prata, setenta e dois quilos de ouro, dez mudas de roupas finas e a carta do rei que dizia: *"Junto com esta carta estou te enviando meu oficial Naamã, para que o cures da lepra"* (v. 6). Naquela época, a Síria era uma nação mais forte que Israel. Ao ler a carta do rei da Síria, o rei de Israel rasgou suas vestes e disse: *"Por acaso sou Deus capaz de conceder vida ou morte? Por que este homem me envia alguém para que eu o cure de lepra? Vejam como ele procura um motivo para se desentender comigo!"* (v. 7).

Quando Eliseu, o profeta de Israel, ouviu sobre tal coisa, ele foi até o rei e disse: *"Por que rasgaste tuas vestes? Envia o homem a mim, e ele saberá que há profeta em Israel"* (v. 8). Quando o rei de Israel enviou Naamã à casa de Eliseu, o profeta não o encontrou, mas apenas disse através de um mensageiro: *"Vá e lave-se sete vezes no rio Jordão; sua pele será restaurada e você ficará purificado"* (v. 10).

Naamã, que tinha ido à casa de Eliseu com seus cavalos e

carruagens, deve ter estranhado muito o fato de o profeta não ter-lhe dado boas-vindas ou tê-lo recebido e ficou indignado. Ele achava que se um comandante do exército de um país mais forte que Israel visitasse um profeta deste, o profeta o receberia cordialmente e imporia suas mãos sobre ele. Contudo, tudo que Naamã recebera foi uma fria recepção e a ordem de se lavar em um rio pequeno e sujo como o Jordão.

Em um momento de raiva, Naamã pensou em voltar para casa, dizendo: *"Eu estava certo de que ele sairia para receber-me, invocaria em pé o nome do SENHOR, o seu Deus, moveria a mão sobre o lugar afetado e me curaria da lepra. Não são os rios Abana e Farfar, em Damasco, melhores do que todas as águas de Israel? Será que não poderia lavar-me neles e ser purificado?"* (v. 11-12). Então, enquanto ele se preparava para sua jornada de volta, seus servos lhe disseram: *"Meu pai, se o profeta lhe tivesse pedido alguma coisa difícil, o senhor não faria? Quanto mais quando ele apenas lhe diz que se lave, e será purificado!"* (v. 13) Eles persuadiram o seu mestre a obedecer às instruções de Eliseu.

O que aconteceu, quando Naamã mergulhou no Rio Jordão sete vezes, como Eliseu lhe havia instruído? Sua pele ficou como a de uma criança. A lepra que lhe havia dado tanta angústia, tinha sido completamente curada pela obediência de Naamã a um homem de Deus e o general veio a reconhecer o Deus vivo e, Eliseu, um homem de Deus.

Depois de experimentar o poder do Deus vivo – o Deus que

cura lepra – Naamã voltou à casa de Eliseu e confessou: *"Agora sei que não há Deus em nenhum outro lugar, senão em Israel. Por favor, aceita um presente do teu servo. O profeta respondeu: 'Juro pelo nome do SENHOR, a quem sirvo, que nada aceitarei'. Embora Naamã insistisse, ele recusou. E disse Naamã: 'Já que não aceitas o presente, ao menos permite que eu leve duas mulas carregadas de terra, pois teu servo nunca mais fará holocaustos e sacrifícios a nenhum outro deus, senão ao SENHOR'"* (2 Reis 5:15-17).

A Fé e a Obra de Naamã

Vamos agora examinar a fé e a obra de Naamã, que encontrou o Deus que Cura e foi curado de uma doença incurável.

1. A Boa Consciência de Naamã

Algumas pessoas são rápidas para aceitar e acreditar nas palavras de outras pessoas, enquanto outras tendem a duvidar e questionar o que ouvem. Como Naamã tinha uma boa consciência, ele não desconsiderou as palavras de outras pessoas, mas aceitou-as gentilmente. Ele foi a Israel, obedeceu às instruções de Eliseu e foi curado, porque ele não negligenciou, mas prestou muita atenção e creu nas palavras de uma jovem garota que servia sua esposa. Quando essa jovem garota, que havia sido capturada de Israel, disse à sua esposa: *"Se o meu senhor procurasse o profeta, que está em Samaria, ele o curaria da lepra"* (v. 5), Naamã acreditou nela. Imagine que você estivesse no lugar de Naamã. O que você teria feito? Você teria aceitado as palavras dela completamente?

Apesar do avanço da medicina moderna, há ainda hoje várias doenças para as quais não há cura. Se você dissesse aos outros que você foi curado por Deus de uma doença incurável ou que você foi curado depois de receber oração, quantas pessoas você acha que acreditariam em você? Naamã creu nas palavras daquela jovem garota, foi diante de seu rei para ter sua permissão, foi a Israel e foi curado de lepra. Em outras palavras, pelo fato de Naamã ter uma boa consciência, ele pôde aceitar as palavras da garota, quando ela o evangelizou, e agir da maneira certa. Devemos também entender que, quando ouvimos o evangelho, nós também podemos receber respostas aos nossos problemas, mas só quando acreditamos na pregação e vamos para diante de Deus, como fez Naamã.

2. Naamã Destruiu Seus Pensamentos

Quando Naamã foi a Israel com a ajuda de seu rei e chegou à casa de Eliseu, o profeta que podia curar sua lepra, foi recebido friamente. Ele ficou notavelmente indignado quando Eliseu, que aos olhos de um não-crente como Naamã não tinha fama ou status nenhum, não deu as boas-vindas a um servo fiel do rei da Síria e ainda disse a ele, através de um mensageiro, para se lavar no Rio Jordão sete vezes. Naamã se enfureceu porque ele havia sido enviado pessoalmente pelo rei da Síria. Além do mais, Eliseu nem mesmo impôs sua mão sobre ele, mas sim disse que ele poderia ser limpo, se ele se lavasse em um rio pequeno e sujo como o Jordão.

Naamã ficou com raiva diante da atitude do profeta, a qual ele não conseguia entender com seus próprios pensamentos. Ele se preparava para sua jornada de volta para casa, pensando que havia muitos outros rios maiores e mais limpos em seu país e que ele seria limpo, se apenas se lavasse em qualquer um deles, quando seus servos lhe disseram para obedecer às instruções de Eliseu e mergulhar no Rio Jordão.

Como Naamã tinha uma boa consciência, o general não agiu de acordo com seus próprios pensamentos, mas decidiu obedecer às instruções de Eliseu e foi em direção ao Rio Jordão. Entre as pessoas de um nível e status social como o de Naamã, quantas delas se arrependeriam e obedeceriam a algo incentivado por seus servos ou pessoas de uma posição inferior?

Como vemos em Isaías 55:8-9: *"Pois os meus pensamentos não são os pensamentos de vocês, nem os seus caminhos são os meus caminhos, declara o SENHOR. Assim como os céus são mais altos do que a terra, também os meus caminhos são mais altos do que os seus caminhos, e os meus pensamentos, mais altos do que os seus pensamentos"*, quando nos atemos aos pensamentos e teorias do homem, não podemos obedecer à Palavra de Deus. Lembremo-nos do fim do Rei Saul, que desobedeceu a Deus. Quando incorporamos os pensamentos do homem e não obedecemos à vontade de Deus, estamos na verdade agindo com desobediência e, se não a reconhecermos, devemos nos lembrar de que Deus nos abandonará e nos rejeitará, como fez com o Rei Saul.

Em 1 Samuel 15:22-23, lemos: *"Samuel, porém, respondeu: 'Acaso tem o SENHOR tanto prazer em holocaustos e em sacrifícios, quanto em que se obedeça à sua palavra? A obediência é melhor do que o sacrifício, e a submissão é melhor do que a gordura de carneiros. Pois a rebeldia é como o pecado da feitiçaria, e a arrogância como o mal da idolatria. Assim como você rejeitou a palavra do SENHOR, ele o rejeitou como rei'"*. Naamã pensou duas vezes e decidiu destruir seus pensamentos e o que achava, seguindo as instruções de Eliseu, um homem de Deus.

Da mesma forma, devemos nos lembrar de que somente quando nos despojamos de nossos corações desobedientes e transformamo-los em corações de obediência, segundo à vontade de Deus, é que podemos ter os desejos deles satisfeitos.

3. Naamã Obedeceu à Palavra do Profeta

Seguindo as instruções de Eliseu, Naamã foi ao Rio Jordão e se lavou. Existiam muitos outros rios, que eram maiores e mais limpos que aquele, mas as instruções de Eliseu que diziam para ele ir ao Jordão tinham um significado. O Rio Jordão simboliza a salvação e água simboliza a Palavra de Deus, que limpa as pessoas de seus pecados e as capacita para receberem a salvação (João 4:14). É por isso que Eliseu queria que Naamã se lavasse no Rio Jordão – para levá-lo à salvação. Não importava o tanto que os outros rios eram maiores ou mais limpos; eles não levavam as pessoas à salvação, não tinham nada a ver com Deus e, portanto, em tais águas, a obra de Deus não podia ser revelada.

Como Jesus nos diz em João 3:5: *"Digo-lhe a verdade: Ninguém pode entrar no Reino de Deus, se não nascer da água e do Espírito,"* ao se lavar no Rio Jordão, um caminho para a salvação de Naamã se abriu, ele recebeu o perdão de seus pecados, recebeu a salvação e encontrou com o Deus vivo.

Então, por que Naamã teve de se lavar sete vezes? O número "7" é um número completo, que simboliza a perfeição. Ao instruir Naamã para se lavar sete vezes, Eliseu estava dizendo, na verdade, que ele receberia perdão por seus pecados e habitaria completamente na Palavra de Deus. Só então Deus, para Quem tudo é possível, manifestaria a obra da cura.

Assim, aprendemos que Naamã recebeu a cura para sua lepra, para a qual a medicina humana era inútil, porque ele obedeceu à palavra do profeta. Sobre isso, as Escrituras nos dizem: *"Pois a palavra de Deus é viva e eficaz, e mais afiada que qualquer espada de dois gumes; ela penetra até o ponto de dividir alma e espírito, juntas e medula, e julga os pensamentos e intenções do coração. Nada, em toda a criação, está oculto aos olhos de*

Deus. Tudo está descoberto e exposto diante dos olhos daquele a quem havemos de prestar contas" (Hebreus 4:12-13).

Naamã foi para diante de Deus, para Quem nada é impossível, destruiu suas formas de pensar, se arrependeu e obedeceu à Sua vontade. Enquanto Naamã mergulhava sete vezes no Rio Jordão, Deus viu sua fé, curou-o da lepra, sua pele foi restaurada e tornou-se como a de uma criança.

Ao nos dar prova de que a cura da lepra, que só era possível com o Seu poder, foi realizada, Deus está nos dizendo que qualquer doença incurável pode ser curada, quando nós O agradamos com nossa fé acompanhada de obras.

Naamã Glorifica a Deus

Depois que Naamã foi curado da lepra, ele voltou à casa de Eliseu e confessou: *"Agora sei que não há Deus em nenhum outro lugar, senão em Israel... teu servo nunca mais fará holocaustos e sacrifícios a nenhum outro deus senão ao SENHOR"* (2 Reis 5:15, 17), e glorificou a Deus.

Em Lucas 17:11-19 há uma ocasião onde dez pessoas se encontram com Jesus e são curadas de lepra. Contudo, somente uma voltou para Ele, louvando a Deus em alta voz, e se lançou aos Seus pés para agradecer-Lhe. Nos versículo 17 e 18, Jesus perguntou a esse homem: *"Não foram purificados todos os dez? Onde estão os outros nove? Não se achou nenhum que voltasse e desse louvor a Deus, a não ser este estrangeiro?"* No versículo seguinte, 19, Ele então disse ao homem: *"Levante-se e vá; a sua fé o salvou"*. Se recebemos cura pelo poder de Deus, não devemos apenas glorificá-Lo, aceitar Jesus Cristo e receber a salvação, mas também viver pela Palavra de Deus.

Naamã tinha o tipo de fé e obra pelas quais ele podia ser curado da lepra, uma doença incurável naquela época. Ele tinha a boa consciência para crer nas palavras da garota que estava cativa. Ele tinha o tipo de fé pela qual preparou um precioso presente para visitar o profeta. Ele mostrou a obra da obediência, mesmo sendo as instruções do Profeta Eliseu contrárias ao seu modo de pensar.

Naamã, um gentio, havia outrora sofrido de uma doença incurável, mas através dela ele conheceu o Deus vivo e experimentou a obra da cura. Qualquer que for para diante do Deus Todo Poderoso e mostrar sua fé e obra, receberá respostas de todos os seus problemas, independente de como são difíceis de ser resolvidos.

Que você possa possuir a fé preciosa, mostrar essa fé com obras, receber respostas para todos os problemas de sua vida e se tornar um santo abençoado, que glorifica a Deus. Em nome do nosso Senhor, eu oro.

O Autor:
Dr. Jaerock Lee

Dr. Jaerock Lee nasceu em Muan, Província Jeolla Sul, República da Coréia do Sul, em 1943. Aos vinte anos, Dr. Lee sofria de várias doenças incuráveis. Por sete anos seguidos esperou a morte sem esperança de recuperação. Um dia, durante a primavera de 1974, foi levado por sua irmã a uma Igreja e, quando se ajoelhou para orar, o Deus vivo imediatamente o curou de todas as enfermidades.

No momento em que Dr. Lee conheceu o Deus vivo através daquela incrível experiência, ele amou a Deus com todo o seu coração e sinceridade e, em 1978, foi chamado para ser servo de Deus. Ele orava tão fervorosamente que podia entender claramente a vontade de Deus e cumpri-la totalmente. Ele obedeceu à Palavra de Deus. Em 1982, fundou a Igreja Manmin Joong-ang, em Seul, Coréia do Sul. Inúmeras obras, incluindo curas milagrosas e maravilhas, tomaram lugar naquela Igreja.

Em 1986, Dr. Lee foi consagrado pastor na Assembléia Anual da Igreja Sungkyul e, quatro anos depois, em 1990, seus sermões foram transmitidos para Austrália, Estados Unidos, Rússia, Filipinas e muitos outros locais ao longo da Companhia de Transmissão do Extremo Oriente, a Estação de Transmissão Asiática e o Sistema de Rádio Cristão de Washington.

Três anos depois, em 1993, a Igreja Central Manmin Joong-ang foi escolhida uma das "Cinqüenta maiores Igrejas do Mundo" pela revista *Christian World* e o Dr. Lee recebeu o Doutorado Honorário em Divindade pela Escola da Fé Cristã, na Flórida, Estados Unidos. Em 1996, tornou-se P.H.D em Ministério pelo Seminário Teológico de Kingsway, em Iowa, nos Estados Unidos.

Desde 1993 Dr. Lee se dedicou a missões em várias Cruzadas Internacionais, como na Tanzânia, Argentina; Los Angeles, Baltimore, Havaí, e Nova Iorque nos EUA; Uganda, Japão, Paquistão, Quênia, Filipinas, Honduras, Índia, Rússia, Alemanha, Peru, República Democrática do Congo, Israel e Estônia.

Em 2002, foi chamado de "pastor internacional" pela maioria dos jornais

Cristãos na Coréia, pelo seu trabalho nessas cruzadas. Em especial, sua Cruzada de Nova Iorque, em 2006, realizada no Madson Square Garden, a arena mais famosa do mundo, foi transmitida a 220 nações; e na Cruzada Unida de Israel, em 2009, realizada no Centro Internacional de Convenções em Jerusalém, ele proclamou corajosamente que Jesus Cristo é o Messias e o Salvador. Seu sermão é transmitido a 176 nações via satélite, incluindo a TV GCN, e ele foi listado entre os 10 Líderes Cristãos Mais Influentes de 2009 e 2010 pela popular revista russa cristã, *In victory*; e o *Chrsitian Telegraph* destacou seu poderoso ministério televisivo e de pastor internacional de igrejas.

Conforme dados de fevereiro de 2013, a Igreja Central Manmin é uma congregação de mais de 120.000 membros. São 10.000 congregações espalhadas pelo mundo, incluindo 57 domésticas. Até agora, mais de 129 missionários foram enviados a 23 países, incluindo os Estados Unidos, Rússia, Alemanha, Canadá, Japão, China, França, Índia, Quênia e muitos outros.

Até hoje, Dr. Lee escreveu 84 livros, incluindo os Best Sellers *Experimentando a Vida Eterna antes da Morte; Minha Vida Minha Fé I & II; A Mensagem da Cruz; A Medida da Fé; Céu I & II; Inferno e O Poder de Deus*. Suas obras foram traduzidas para mais de 75 línguas.

Suas colunas cristãs aparecem nas seguintes publicações: *The Hankook Ilbo, The JoongAng Daily, The Chosun Ilbo, The Dong-A Ilbo, The Munhwa Ilbo, The Seoul Shinmun, The Kyunghyang Shinmun, The Korea Economic Daily, The Korea Herald, The Shisa News,* and *The Christian Press*.

Dr. Lee é atualmente o fundador e presidente de várias organizações missionárias e associações, como a *The United Holiness Church of Jesus Christ*, Presidente; Missão Mundial da Manmin, Presidente; Associação Missionária de Avivamento Cristão Global, Presidente; Rede Global Cristã, Fundador e Presidente da Diretoria; Rede Mundial de Médicos Cristãos, fundador e Presidente da Diretoria; e Seminário Internacional de Manmin, Fundador e Presidente da Diretoria.

Céu I & II

Um esboço detalhado dos ambientes maravilhosos que os cidadãos do céu desfrutam e as lindas descrições dos diferentes níveis dos reinos celestiais.

Minha Fé Minha Vida I & II

Uma história comovente de como a fé verdadeira supera todo tipo de tribulação e atrai as obras de fogo do Espírito Santo na igreja.

A Mensagem da Cruz

Uma poderosa mensagem para despertar todas as pessoas que estão dormindo espiritualmente. Nesse livro podemos ver porque Jesus é o único Salvador e encontrar o verdadeiro amor de Deus.

A Medida da Fé

Que tipo de lar celestial, coroa e recompensa estão preparados para você no céu? Esse livro fornece, com sabedoria, meios para você medir sua fé e cultivá-la de modo a torná-la melhor e mais madura.

Inferno

Uma mensagem profunda de Deus, que não deseja que nem uma alma sequer vá para as profundezas do inferno, a toda a humanidade! Você descobrirá coisas nunca antes reveladas sobre a cruel realidade do Ades e do inferno.